JN122186

Cathy Weisman Topal
Beautiful Stuff: Learning with Found Materials.

材料を探求する
幼児の表現活動

米国レッジョ・エミーリア受容に学ぶ
様々な材料を手掛かりに行われる活動

原著者：キャシー・ワイズマン・トッパル
編著者：鈴木幹雄・三木健郎

あいり出版

第1章　様々な材料を集めること、発見すること、組織すること

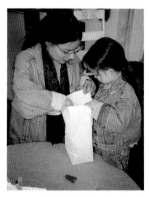

アニーとお母さんは、ある朝早くやってきた

子どもたちの興味や熱中や自覚に火をつけるもの

集めたものの山を熱心に見つめている子どもたち

紙バッグをとめクリップでとめておくのは良い方法

子どもたちの関心が向けられる様々な材料

すてきな材料たち

諸々の材料

先生が教室で会話と言葉のやり取りを記録する

裁断に取り組む子ども

観察し、分類し，整理する

子どもたちは、材料を洗浄することが、大切な仕事であることを知る

第２章　材料を探求する

様々な材料が独自な特徴を有している

アトリエ・スペースーそれは、考えるための実験室

分類することは、系統だった形で観察したいというこの要求に、水路を掘り、育むために、すばらしい「乗り物」となった

子どもたちが探求している間の様々な経験

様々な経験から子どもたちの喜びが生まれる

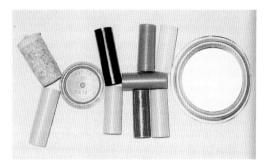

僕は昆虫を作った

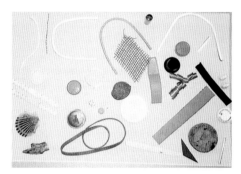

幼児は、諸々のもの（オブジェ）をバラバラにしてしまうことがある。

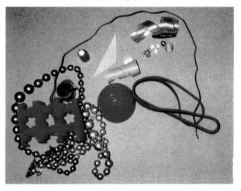

アニーが写真を眺めた時「これは象」と言った

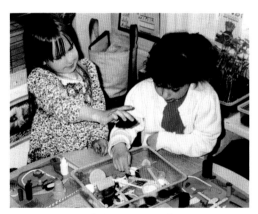

エンマはこの写真を見て言う。「ハンナと私たちは同じものが欲しいと思った。」

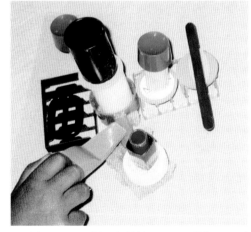

子どもたちは、様々な材料により一層親しんだ後には、いろいろなものを結合させたりする。

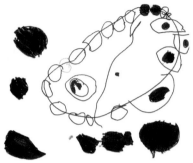

円を描くこと
は、なぐり書
きの経験から
生まれてくる

表面の形は子どもたちの
製作に影響を与える

右：金属のもの（オブ
ジェ）で物語りを語る

右上：子どもた
ちは厚紙の上に
円形のものを張
り付けた

右：ある子は
円の形態を用
いた探求をし
ようとした

いろいろなもの（オブジェ）がきらめきだす

女の子たちはピンク色の研究を推し進める。そして興味を転換していく

スティーブンは黒いもの（オブジェ）を配置する

色彩の探求を拡大する

制作途中の収蔵棚

子どもたちは、大きな作業台用紙の上にいろいろなもの（オブジェ）を拡げて楽しむ

右：私たちの学びと取り組み

第3章　様々な結合

様々なものの結合に取り組んでいる幼児

彼女はどのオブジェを使おうか考えていた

彼女は自分の
「結合」につ
いて考え続け
ている

いろいろな
考えが現れ
てくる

様々な材料は探求にとって跳躍台となる

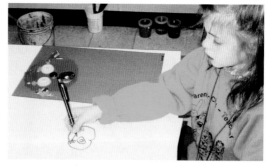

子どもたちは表現言語を手探りする

彼女は糊付けのスキルについて考え，話し合う

子どもたちは自分の創ったコラージュを描画する

コラージュによってキャラクターを完成させた

「私のピエロは手品をするのが好き」

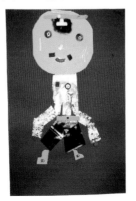

作ったコラージュのキャラクターを描写する

幼児の作品例

第4章　木の端材を使って組み立てる

面白い形をした端材は子どもたちの宝となる

木の端材は子どもの関心に火をつける

子どもはサンドペーパーを使って探求に参加する

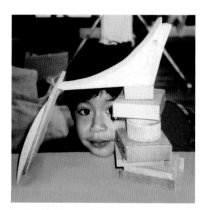

木は様々なカテゴリーに分類される

僕は違った種類のお城をどう作るのかを考えていた

接着剤付けの初日は難しい

ターンテーブルのおかげで
構築物を回転させた

完成させた立体作品のジュリ
アナ自身によるスケッチ

三次元的思考を拡張する

右：小さな木
のオブジェは
子どもたちを
励ます

右下：ショー
ンは、三回目
の制作に取り
かかった

戸口ないしは開口部を作
る一つの方法

ミリアムは家を組み立てる時長方形
の虚の枠（空のある枠）からのぞく

第5章　諸々の活動を拡大する
　　　　 こととその展示

上図：幼児たち
の発見した「も
のボックス」

左：様々なす
てきな材料を
置くゲーム

右：彼女はス
ミレ色のもの
を配列するた
め様々なアプ
ローチを試み
た

デッサンの行為をする間、自分の理解と様々な
能力が成長していくのを感じる。

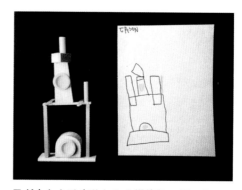

子どもたちは自分たちの構築物の組み立ての
プロセスを思い出す。それは心に残ること

自分の木でできた立体作品と幼児のデッサン

トーマスは自分の構築物のパーツを説明する

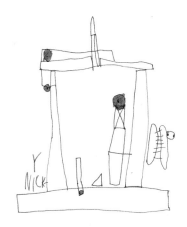

Day Five

ニッキーの構造物と物語りデッサン

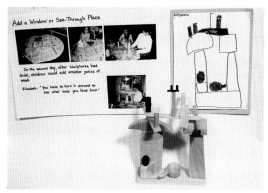

ある幼児の構造物とそのデッサン・物語り

ショーシは、自分が組み立てたものを見て楽しんでいる

ニッキーの構造物と物語り

先生たちは子どもの作品を玄関に展示する

第7章　私たちの模索と備前市本園
における幼児教育

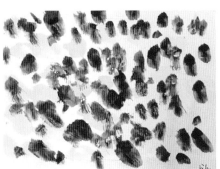

黄色が好き！ちょーん、ちょん、ピタッ

ドンドン、ビタビタ、
大きな木になれ

色が変わる！歌いながら描く

ぼくの木は、こん
な木

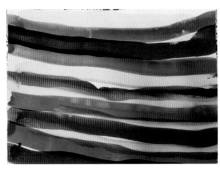

音が変わる、
色が変わる

春は桜の樹が光っている！

第8章　私たちの模索と備前市における幼児教育

また行きたいな、海へ

わー、色が変わった！

好きな感じがいっぱいある

キリンになった

思うままに、感じたままに

葉っぱの骨が見える

こうなったんだあ

立ててみたけど、なんか違う

なんかいいねえ

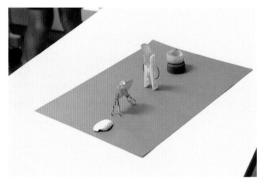

歩いていくよ

素材と出会うドキドキ

誕生ケーキだったんだ

序　文

キャシー・ワイズマン・トッパル

　教育者の方から数多くのリクエストが寄せられた後に、私たちはこのガイドブックを準備しました。それは、教師たちや親の方たちが、幼児と材料との間に成立する有意義な諸経験を育成する援助となるようにガイドするためでした。本書で取り組まれている活動の仕方や、本書で話し合われている考え方の多くのものは、イタリア、レッジョ・エミーリアの教育者たちや、展覧会「子どもたちの百の言葉」からインスピレーションを受けてきました。レッジョ・エミーリア・アプローチで取り組まれた諸原理には、次のようなものが含まれています。

　・子どもたちや教師たちの考えに対する敬意、
　・知識というのは社会的（協同的）交流を通して得られるという信念、
　・さまざまな感情や思考や理解を表現し、意思疎通する為に、諸々の材料やメディアを活用することの価値、
　・いろいろな記憶を保存し、深い活動の中でそれら記憶を維持する為に、子どもたちや教師たちのプロセスを記録しようとする願い、
　・さまざまな関係性の知識や理解を探る中で得られる、他の教師たちや子どもたちとの協同作業から生み出された喜びや成長。

　さまざまな材料に取り組んできた私たちの旅路は、フォートヒル子ども園と、幼稚園の二教室の多くの教師たちとの協力の結果として実現されました。キャシー・トッパルは、週二日、視覚芸術の教師としてそれらの子ども園、並びに幼稚園で午前中を過ごしました。そしてレーラ・ガンディーニは、レッジョ・エミーリア・アプローチの諸相について教師たちの相談にのりました。本書に収録されている多くの体験は、リタ・ハリスとデビィ・グルップのクラスの4歳児、その親たち、そして教師たちとともに行われました。私たちは、私たちとともに実験し、発見しようと望んだ教師たちと

一緒に仕事をしました。このことは私たちが次のようなことについて非常にたくさんのことを学ぶ上で助けとなりました。即ち、日常の出来事や、ストラテジー、更には学びの状況をセットアップしたり、組織する仕方についてです。

ある幼児は、自分の自画像を下絵として描いた後、自分自身を様々な材料を使って表現します。

　本書では、製作物を創造することに焦点をあてるよりも、むしろ幼児たちや教師たちの活動プロセスを観察し、記録することに主要関心が置かれています。皆さんがページをめくる時、皆さんは本書の旅路への参加者になられ、それぞれの状況にぴったりと考えられるようになり、そしていろいろな材料を用いた活動の仕方を造り上げられることでしょう。本書で私たちは、皆さんに、学校での実生活の体験から生まれてきたいろいろなアイデアや提案をお伝えしようと考えています。

　更に皆さんは、本書で、私たちが抱えたさまざまな心配の瞬間に立ち会うことにもなるでしょう。私たちの考えでは、さまざまな心配を抱えることは、教育者としての成長に欠かせないものです。私たちは、探求すべき材料がたくさんあることを知っていますが、本書では子どもたちによって発見され、リサイクル可能な材料に焦点をあてようと思います。というのも、それら材料は、環境の中において私たちを取り巻いているからです。それら、しばしば打ち捨てられているもの（オブジェ）の中に見られる、いろいろな形、いろいろな色彩、いろいろなテクスチャーは、視覚的な学び、アクティヴな学びへ渡る橋を架けてくれるからです。私たちは、本書に取り組む中で、このプロセスが解き明かされていくのを観察し、体験しました。

親たちの参加は、学校生活にとって重要であるのと同様に、いろいろな材料を集め、強い興味を生み出す上で重要なことです。

メッセージ

　幼い子どもたちにとって、世界は触れることができ、発見することができるたくさんの材料であふれています。様々な材料を見つけ、集め、分類することは、ある種の特殊な冒険に乗り出すことです。大人にとっては、材料を集めることが意味していることは、私たちのまわりにある自然の事物や、予期せず出会った事物、リサイクルできる事物の中にみられる豊かさや美しさを再発見することなのですが、多くの場合それは意識されていません。

　私たち人間の創造的インパルスを再発見する一つの方法は、材料の中に様々な潜在的可能性があることを体験的に知ることです。子どもたちは事物のもつ潜在的可能性に対し生まれながらに開かれています。大人たちはこのプロセスに気づく時、子どもたちを観察し、子どもたちに耳を傾ける道を発見します。そして子どもたちや大人たちが、いろいろな材料を発見し、集め、分類し、配置し、様々な材料を用いて実験し、創造し、組み立て、考えを巡らす時、彼らは協力者になります。ゴールは、子どもたちが材料に習熟できるようになることを可能にすることです。あたかも、材料というものが言語（ことば）であるかのように。

コレクションの中には、小さな宝物が含まれています。
右：個々のものを整理することによって、私たちは集めたものが何になり得るかが理解できるようになります。

右上：子どもたちは最初は注目し、それから手にもって触っていろいろな材料を探求します。

目　次

序　章

C・W・トッパルにみるレッジョ・エミーリア・アプローチ受容と「子どもたちを体験や探求へ勇気づける」幼児教育（学）の模索

1.1990 年代米国の幼児教育界で模索されたレッジョ・エミーリア・アプローチ

（1）1990 年代米国幼児教育界の模索

1）今から約四半世紀前の 1990 年代、アメリカ合衆国の多くの幼児教育者たちはイタリアの幼児教育施設、レッジョ・エミーリアの実践とその豊かさに大きな衝撃をうけた。しかしその時代、イタリアのレッジョ・エミーリア・アプローチについての理解は模索の状態にあった。その教育と教育観の全体像はアメリカ合衆国で注目されると同時にまだ十分に解明されていなかった。

2）このような実情を見せてくれる書籍の一つとして、米国で 1997 年に良質な英語の研究論文集『レッジョ・アプローチの教えに向かう最初の歩み』（ジョア

ンナ・ヘンドリック編著、1997 年）が出版された [1]。同書籍は、わが国では、石垣恵美子、玉置哲淳氏監訳の下、日本語文献『レッジョ・エミリア　保育実践入門　保育者はいま、何を求められているか』（北大路書房、2000 年刊）と題して翻訳、公刊されている。

同書には 14 点の論文が収録されているが、同書籍では、イタリア、レッジョ・エミーリアの幼児教育観を正確に、そして誠実に受容しようとする姿勢を紹介しようと試みられている。

そこで以下では、紙数の関係で①エバ・タリーニ著「レッジョ・エミリアから学んだもの―三つの基礎概念」、②レーラ・ガンディーニ著「レッジョ・エミリア保育の歴史と機構」（なお上掲書日本語訳では、英語音表記で「エミリア」と訳されている為、以下、石垣氏他

訳からの引用箇所は「エミリア」と表記される）、「レッジョ・エミリアの基礎」と並んで、③ジョアンナ・ヘンドリック著「アメリカの保育がレッジョ・エミリアから学んだもの──子どものとらえ方、指導計画」の３件に触れ、本論の枠内で、1990年代の米国における「レッジョ・エミーリア」受容の実情の一端を以下に考察したい。

３）論稿①では、エバ・タリーニ氏は、上掲の論稿（第５章）で米国イリノイ州の上・中流階層の子どもたちが通っていた幼稚園から１年間、レッジョ・エミーリアの幼児学校に訪問保育者として働いていた「私」が、レッジョ・エミーリア・アプローチの三つの基本概念（❶共同性の役割、❷記録文書、❸カリキュラムの中に占めるプロジェクト）、これらを生きた文脈と意味として初めて学んだ体験を報告している。

　❶彼女は「共同性の役割」に触れて語る。「『共同性とはどのようなものか』、それはどのように機能するものなのかのイメージをもつことは、実際に長い時間をかけて体験するまでは事実上不可能なことです」[2]と、誠実に語る。

　更に続けて、彼女は結論づける。「もし私がその年ずっと過ごしていなけれ

ば、共同性について今もっているイメージはそれほど広いものになっていなかったでしょう」[3]、と。

４）上掲②レーラ・ガンディーニの論稿
他方ガンディーニ氏は上掲書籍冒頭に、二点の論稿を寄せている。「レッジョ・エミリア保育の歴史と機構」と「レッジョ・エミリア・アプローチの基礎」である。前者では、レッジョ・エミーリアの設立、発展経過、レッジョ・エミーリアのアメリカとの出会い、並びに０〜６歳児の為のプログラム組織・構造が初心者に対して解り易く解説されている。後者では、レッジョ・エミーリア・アプローチに一歩踏み込んで、その保育の目的と、保育原理について紹介されている。両者はセットの形で、レッジョ・エミーリア・アプローチ紹介の、所謂初心者向け講習的な解説資料となっており、この啓蒙的解説論稿ははからずも当時の米国における一般的ニーズの現況を表しているように思われる。ちなみにガンディーニ氏は、「小グループにおける子どもたちの関係と相互作用の重要性」において、レッジョ・エミーリア・アプローチの要点を次のように指摘している。

　このような、２人、３人、４人、あるいは５人の子どもたちの小さなグループは、お互いに注目し、話し声を聞き、耳を傾け、好奇心や興味を育み、質問を

し、そして反応する手段を与え、話し合いや行動的な伝達の機会を与えます。…こうした小グループは、子どもたちがともに新しい学びや開発を構築する過程に着手するきっかけとなる認知的な葛藤の出現を可能にします」[4] と。

5）更に最後の、ジョアンナ・ヘンドリック（オクラホマ大学名誉教授）著「アメリカの保育がレッジョ・エミリアから学んだもの─子どものとらえ方、指導計画」は、米国州立大学名誉教授ならではの、米国幼児教育（学）者の洞察力を見せてくれる熟年研究者の論稿。同氏は、アメリカ的幼児教育かイタリア的幼児教育かといった二者択一の発想を排して、上記テーマを中心に、❶レッジョ・エミーリア・アプローチがアメリカで評価されるべき点[5]、❷アメリカ・アプローチ特有の長所[6] を考察すると同時に、❸アメリカとイタリアの幼児教育界が同じように大切にしているものを挙げ（「アプローチにおける類似点、子どもたちのまわりの人々の姿勢」、「創造性に関する姿勢」、「教え方における姿勢」）を虚心坦懐に評価し、「保育する幼児のために最前をつくすこと」の大切さを以下のように指摘する[7]。

「レッジョ・エミリアの保育においては、保育者の役割を指導者とか、カリキュラムを展開させる者としてではな

く、むしろ、共同者としての役割の方を好んでいます。つまり、共同者として、子どもたちや親、それに他の保育者たちと作業をともにします。そうすることにより子どもたちの興味を引き出し、子どもたちがすでに知っていることを明らかにできるのです。」[8] そして更に加えて語る。「もう一つ素晴らしい知的作業を選びたいと思います。それは、レッジョ・エミリアで保育者が子どもたちにやる気を起こさせている作業です。子どもたちが自分のアイデアを表現するために、百の言葉のうちどれでも選ぶように言われるのをすでに見てきました。たとえば、ある子どもは水がどのように泉に流れていくかを絵にしたり、また他の子どもは粘土や一連のパイプを使って自分のアイデアを模型にして表現したりします」[9]、と。

　以上は余りにも簡単な紹介であるが、当該資料からは、1990年代米国におけるレッジョ・エミーリア幼児教育（学）受容の「模索」の足跡が浮かび上がる。

（２）トッパル氏たちによるレッジョ・エミーリア・アプローチ受容の試み

1）この時代、米国の一人の幼児教育（学）者、キャシー・ワイズマン・トッパル氏とその同僚幼児教育（学）者、

レーラ・ガンディーニたちは、アメリカの幼児教育の遺産を受け継ぎながらも、他方では現代イタリアの幼児教育、並びにレッジョ・エミーリアにおける、いわゆるレッジョ・エミーリア・アプローチから栄養素を吸収して、米国に豊かな幼児の表現の教育と幼児教育理解を創り上げようと試みた。

その成果として２０世紀最後の年に公刊された書籍に、『魅力的な様々な事物－子どもたちによって発見された様々な材料を手掛かりに行われる学習－』（1999）があった[10]。

２）トッパル氏は、以下のような略歴を持つアメリカ人幼児教育（学）者。名門私学コーネル大学で学士号を取得した後、ハーバード大学とカーペンター視覚芸術センター大学院で視覚教育の修士号を取得した。1974 年から 2012 年にかけて、アメリカ東部の名門女子大、スミス・カレッジの教育・児童研究学科で視覚芸術教育の教師を務めた。そして並行してマサチューセッツ州ニュートンのウィークス中学校（1970-74）、スミス・カレッジ、キャンパススクール（1974-2012）、およびスミス・カレッジの幼児教育センター（1974-2010）で美術教育の教師を務めた。その後の2010 年代アメリカにおける幼児教育者団体「フレーベル USA」に参加し、教育、デザイン教育、幼児教育へのレッジョ・エミーリア・アプローチ、芸術とリサイクル・プロジェクト等の啓蒙に取り組んできた[11]。

（３）トッパル氏たちによるレッジョ・エミーリア・アプローチ解釈

ところで私たちは一般的に、新たに豊かな教授法に触れた時、とかく教授方法の現代的・理論的に整理された「構築法」を考えてしまいがちである。しかしトッパル氏の場合、事情は少し異なっていた。トッパル氏たちの教授法はレッジョ・エミーリア・アプローチから栄養素を吸収しようとする試みであったが、それはどのような形の「構築法」だったのだろうか。

トッパル氏は、自分たちの園の方法的アプローチを、「探求するための乗り物を発見する（こと）」と比喩的に言い表し、次のように語る。何年か前から、私たちは私たちの園において、…様々な材料が、どのようにして様々なアイデアや考え方を燃え上がらせるかを研究する中で、…次のことに気が付いた。折に触れて私たちの興味や熱中や自覚に火をつけるのは、様々な材料に目を向けたり、集めることによってなのだということに[12]、と。

また他の所では、具体的に次のように

示唆している。基本的幼児教育コンセプトの糸口となるものは、様々な材料を「集める」、「観察する」、「探求する」、そして「整理する」という一連の行為である、と。

そしてここでトッパル氏は、幼児の学校「レッジョ・エミーリア」創設者ローリス・マラグッチが、非常に鋭く深い言葉を残していると指摘し、「手と心を使って探求し、私たちの目を純化する」という名言を強調している[13]（下線－筆者）。

今ここで思い出されることは、そのアプローチの原形式は、ある意味で昔より人間が引き継いできた、原初的なアプローチに近接している、という事である。今一度付記すれば、それは＜様々な材料を集める - 観察する - 探求する - そして整理する＞という行為連鎖の誕生とそこから生じてきたアプローチであると言えよう。

トッパル氏は、他の箇所では次のように強調する。「子どもたちは自分たち自身の作業のペースと方法を持っている」[14]、それ故に「材料を手掛かりに探求すること」[15]の大切さに着目した、と。

（4）今ここでトッパル氏著作の、1-2章の活動項目に目を向けるならば、探求活動には以下のような一連の項目が位置づけられていることが明らかとな

る[16]。

（A）材料を手掛かりとした探求活動

1）第1アプローチ：表現活動の構成

本書冒頭部の＜第1アプローチ：子どもたちの表現活動の構成＞①糸口01：様々な材料と出会う──②同02：観察する──③同03：子どもたちの探求活動─④同04：経験を復習する──⑤同05：カテゴリー・リスト作り──⑥同06：プラスチック容器への整理──⑦同07：親たちの参加（中略）──⑧同08：材料の整理・秩序づけ──⑨同09：裁断すること

2）第2アプローチ：導入と振り返り活動の構成　①教育環境づくりの構成01：仕事を協同してこなすアプローチ──②同構成02：アトリエ・スペースの活用──③同構成03：手と目と心を使った探求──④同構成04：考えるための実験室

（B）材料を探求するアプローチの誕生

1）「探求するための乗り物を発見する」

様々な材料を探求する実験は子どもたちにとっては印象深い経験とな

り、想像力を刺激する。この体験は子どもたちを、ストーリーを語ったり、いろいろなゲーム遊びを発展させる所へ導いてくれる。

２）子どもたちから学んだこと

①子どもたちは刺激的で興味深いことをたくさん発見する

②幼児たちは、様々なものを、それ自身の空間に入れようとする。

（Ｃ）様々な材料で人形を作ることを提案する

１）子どもたちのアイデアと制作をサポートする

２）「魅了する様々な材料」で操り人形を作る

３）顔の研究

４）コラージュのキャラクター

（Ｄ）探求、描画する、それは記憶される

トッパル氏は、1990年代、幼児の豊かな探求的活動と豊かな探求的表現教育を切り開こうとした。そしてそこに材料、整理、環境の配置、言葉掛け、観察、興味の喚起、考察等々が付け加えられ、豊かにされたものと理解される。加えてその際には、①米国における幼児教育・表現の教育の実践の蓄積が活用され、同時に②イタリアの「レッジョ・エ

ミーリア・アプローチ」の幼児表現教育の遺産も活用され、結果的に幼児の探求的活動と探求的表現教育を統合的に育みうるようなアプローチが切り開かれたものと思われる（本書第1～5章のトッパル氏の原著作、参照）。

２.幼児教育界にみるフレーベルの遺産と20世紀末米国幼児教育（学）者達の遺産

（１）フレーベル教育学の遺産とその教育アプローチ

１）ドイツ語圏の教育学研究者小笠原道雄氏は、研究書『フレーベルとその時代』の第9章において、原典資料を基に19世紀フレーベル教育学の形成史を解き明かしている。その際、フレーベルにとって、その遊具の本質理解の要点が、次の点にあったことを明らかにした。

まずフレーベルの研究書『教育にとって第一に問題なのは、子どもとしての人間に、形成のためにふさわしい素材を与えることでなければならない』（1836-1840）17）を手掛かりに、次のことが明らかにされる。

「フレーベルの1832年の日記は、遊具が今なぜ特別に彼の関心を惹くかについてより明確な説明をわれわれに与えてくれる。そこでは「精神的なものの表出」は「身体的・空間的なもの」に結び

つかねばならない、という『人間の教育』において論述された思想に依拠しながら、「精神が自己表出を通して自己認識へと高めるために、必然的に素材（Stoff）を必要とする。…教育にとって第一のものは、子どもである人間に形成のための適切な素材を与ええることでなければならない…」ということである」、と[18]。

2）更に同点に加えて、フレーベルの遊具の理論の基本的性格について、以下の通り解き明かされている。「フレーベルは、遊戯に関する考察において、最も小さな子どものなかにも、すでに活動への『本能』（活動衝動）が生まれている点から出発する。…それゆえ、真の人間教育は、「行為のなかに、行動のなかに芽をもち、そこから育ち、そこに基礎をもつ」ものでなければならない。なぜなら、遊戯は、「外的世界への鍵」であり、同時に「内的世界の覚醒に最も適した手段」であるからである…」[19]、と。

3）以上に加えて同氏は、この着想の現実的ルーツの一つが次のような事情にあったと紹介している。「1834年、フレーベルは、ブルクドルフの孤児院で遊んでいる子どもを観察しながら、小さな棒と木材でできるさまざまな形について考え、それを体系化し始めている…。その様子をフレーベルはカイルハウのバーロップに次のように記している。『私はいま、毎日一時間か数時間、非常にまれな素質をもっているように思える私の六歳から七歳くらいのイタリア人の子どもと関わり合っています。この子どもは、よく私に直角二等辺三角形を作って見せてくれます。注目に値するのは、彼がこの場合、常に一定の関係にあるさまざまの形を好んでいるということです』[20]、と。

（2）20世紀幼児教育（学）者達の遺産と細やかな環境設計

1）トッパル氏の取り組んだ表現教育アプローチ　小笠原氏の以上の研究を踏まえてトッパル氏の1990年代の研究成果である書籍『魅力的な様々な事物』に目を通すと、同氏の取り組んだ表現教育アプローチの現代的な糸口が浮かび上がってくる。トッパル氏たちの表現教育の功績と魅力は、幼児表現教育の為の構築的アプローチを解き明かしただけでなく、同時に家族の人々の協力を得て進める、幼児教育ならではの、細やかな教育的・協同的空間の重層的な構成手法を基礎においている点にあった。

上掲書第1章を振り返れば、それは以下のように概略出来る。

①細やかな環境の設計(1)：開催準備と家庭への参加・協力依頼

②同上(2)：子どもたちへの参加の呼び
かけ
③同上(3)：オープニング・セレモニー
の開催
④同上(4)：親たちの参加準備
⑤同上(5)：材料や道具
⑥同上(6)：アトリエ・スペースの配置
　２）書籍『魅力的な様々な事物』を支
えた幼児教育の表現コンセプトの原点
①細やかな環境の設計 01：開催準備と
参加依頼　同点について、上掲書では次
のように説明されている。

　本研究を始めるにあたり、私たちに
は、様々な材料を探したいという子ども
たちの要請に親たちが協力してくれるよ
う求める必要がありました。／そこで園
の教師たちは、次のような書簡を家庭に
送付することにしました。

　「今日、皆さんはお子さんたちから、
お子さんを手伝ってほしいというお願い
を受けます。あるいは、お子さんたちか
ら、教室のアトリエ・エリアを豊かにす
る為に、学校に持っていく、まだ有用性
のある様々な材料を探してほしいという
手紙を受け取ることでしょう。皆さん
が、家のまわりにある様々な宝物を探し
出して下さることを願っています」[21]、
と。
②細やかな環境の設計 02：子どもたち
への呼びかけ・参加を創造する　次の教

育的空間の構成としては、子どもたちに
対して次のような、細やかな呼びかけが
用意された。

　教室のスペシャルなゾーンに複数の紙
バッグが集まり始めています。私たち
は、印を付けて、そのエリアが子どもた
ちの目につくようにしました。

　バッグに付けられた様々な詩や、子ど
もや親の興奮に応えて、テーブルが一杯
になりました。子どもも親も、彼らの宝
物を見せたがっています。私たちは、親
たちがそんなに意欲的に参加してくれる
とは思わなかったのです。しかし子ども
たちと同じように、興味をもってくれま
した。彼らは、他の家庭ではどんなもの
を発見したのか、見たいと思ったのでし
た。

　紙バッグをクリップで止めておくの
は、中身を入れておくのに良い方法で
す。期待しています、という感じを維持
しておくために開かれるまでは紙バッグ
は後ろ向きに置かれ、次の手紙が付され
ています。

　「この紙バッグに何が入っているのか
を見るまで待って！」、と [22]。
③細やかな環境の設計 03：セレモニー
の開催：　そしてその次には、「大オー
プニング」と名付けられた、セレモニー
が用意された。園の大オープニングの前
に、私たちは教師たちとミーテイングを

お手紙　親愛なる親御さんたちへ

「グループＡの子どもたちは集めたいと思っています。ご協力いただけませんでしょうか？

皆さんが引き出しを探していただけましたなら、恐らく私たちのいろいろなプロジェクトで使うことができるようなものをいろいろと見つけ出すことと思われます。皆さんが皆さんの「リサイクル品」から取り出している時に、あるいは外を歩いている時に、小さなものを見つけ出されるかも知れません。私たちは集めたいと思います。

私たちは私たちの「もの」を集めるために紙バッグを家に持ち帰ろうとしています。例えば、壊れた宝石や、リボンや、羽や、金属やプラスチック製品、透明なコンテナや白いコンテナといったものです。——多くのものが役立つことでしょう。私たちが用意してきたリストには、もっと多くのアイデアが記載されています。

愛を込めて　グループＡの子どもたちより
（以下、略）

図1:「開催準備と家庭への参加・協力依頼」（部分）

図２：紙バッグに入れた後、クリップで止めるのは、いろいろなものを収める上で良い方法。幼児の興味と期待を膨らませてくれる。

話し合いの司会を務めるか、誰がミーティングの観察と記録を行うか、そして誰が写真を撮るか決めました。…発見という重要な瞬間が消えてしまって、記録も残らなくなることにならないようにと望んだのです。様々な画像や録音は、私たちが将来になって参照することになる様々な記録を集めておく上で助けとなりました。[23]

④細やかな環境設計04：親たちの参加準備　そして親たちの興味・関心増大を観察し、次のイベントの準備が始まった。それは、様々なプラスチック容器を用意し、親たちの喜びにボールを投げることだった。

トッパル氏は次のように説明する。

…ここに、徹底した考察と発見が始まる。子ども、教師、親たちの誰もが、

開きました。そして紙製の容器のオープニングをどのように行うかプランをたてました。私たちは、園の様々な容器を集め、子どもたちが発見した様々な物を収めた紙袋を集めました。私たちは、誰が

諸々の潜在的な材料についての新しい考えを持ち始めていく。その後の数日間、数週間、一年間の間に、親たち、子どもたちは、様々な材料やプラスチック容器を注意深く選択することにより、教室に貢献することに喜びを発見していく[24]、と。

⑤細やかな環境の設計05：材料や道具 そしてその後の環境の設計課題には、材料や道具を注意深く選択する作業が続いた。次のように説明されている。常に子どもたちの身の回りには、…使いにくい材料や、扱いたくない材料がある。教師は不可避的に選択をしなければならず、いくつかの材料は取り払わねばならない。このことに慎重に対応することによって、子どもたちの気持ちや、親たちの気持ちを傷つけることを回避することが可能となる[25]、と。

⑥細やかな環境の設計06：アトリエ・スペースの配置 環境の最終設計課題としては、子どもたちが探求し、味わう場、「アトリエ・スペース」配置の作業が続いた。

アトリエ・スペースを整える 多くの教室に設置されている典型的なスタイルのアート・コーナーには、クレヨン、マーカー、ハサミ、ステープラー、テープ、糊等が置かれている。これら全ての備品が、注意深く行われる選択によって

レベルアップされ、興味深く、魅力的な形で提供されている。

そこには、発見された様々なもの（オブジェ）や諸々の自然の事物が含まれている。透明な容器や白い容器の中に、様々な材料を蓄えることによって、子どもたちはそれぞれの材料のいろいろな色彩やテクスチャーをはっきり見ることが可能となる[26]、と。

図3：教室の一つのコーナーが、探求のスペースにされた。

3．本書で紹介される教育関心

本章で筆者は、トッパル氏の方法的アプローチ理解とは「探求するための乗り物を発見する」という視点であった点にふれた。では、トッパル氏たちはその視点を如何なる見解に繋げていったのだろうか。

ここでは彼らにより発見され、彼らに

探究心を与えた次のような「宝島」・「宝箱」に触れたい。「私たちはずっと子どもたちを体験や探求へ勇気づけ、それを拡大させるアプローチを捜してきた。…子どもたちによっては様々な材料を用いて組み立てることに興味をもっていた…。…『もの』を研究することを楽しむだけの子どももいた。またある子どもたちは、表現に興味を持っており、魅力的なコポジッションを創ることに興味を持っているようであった。またある子どもたちは自らの物語りを語るために様々な材料を活用した」[27]、と（トッパル、本書、第2章「材料を探求する」中、「私たちが学んだもの」参照（下線・筆者））。

注

1）石垣恵美子、玉置哲淳氏監訳『レッジョ・エミリア　保育実践入門　保育者はいま、何を求められているか』（北大路書房、2000年刊）参照。

2）上掲書

3）上掲書、39頁。

4）1990年代米国におけるトッパル氏の研究の意義については、石垣恵美子、玉置哲淳氏監訳『レッジョ・エミリア　保育実践入門　保育者はいま、何を求められているか』（北大路書房、2000年刊）参照。同書は、が浮かび上がらせてくれる。イタリア人の初歩的用語解説とジョアンナ・ヘンドリックのすぐれた論稿「アメリカの保育がレッジョ・エミリアから学んだもの―子どものとらえ方、指導計画」とのアンバランスなコントラストが，この時代の米国における実情を見せてくれる。イタリアの幼児教育施設、レッジョ・エミーリアに関しては、次の文献で詳しく、図版も豊かに紹介されているが、この文献は2010年代の成果である。カンチェーミ・ジュンコ著『子ども達からの贈りもの―レッジョ．エミリアの哲学に基づく教育実践』萌文書院、2018年。

5）上掲書、28-33頁。

6）上掲書、33-34頁。　8）上掲書、30頁。

7）上掲書、33-34頁。　9）上掲書、32頁。

10）Cathy Weisman Topal and Lella Gandini, Beautiful Stuff !— Learning with found Materials. Davis Publications, Inc. 1999. p.4.

11) Cf.: Cathy Weisman Topal | Smith College, URL: <https://www.smith.edu/academics/faculty/cathy-topal>

12）Cathy Weisman Topal　& Lella Gandini, op. cit., p.4.

13）Ibid. p.24.　　　15）Ibid. p.28.

14）Ibid. p.30.

16）Cf. Ibid., Chp.. 1 & 2.

17）小笠原道雄著『フレーベルとその時

代』、玉川大学出版部、1994 年、238 頁。

18）同上、237 頁。

19）同上、238 頁。　20）同上、240 頁。

21）Cathy Weisman Topal et al., op. cit., p.4.

22）Ibid.,p.8　23）Ibid,, p.10.

24）Ibid,, p.20.　25）Ibid,, p.23.

26）Ibid,. p.24.

27）Cathy Weisman Topal et al., op. cit., p.48.

（鈴木幹雄）

第1章

様々な材料を集めること、発見すること、組織すること

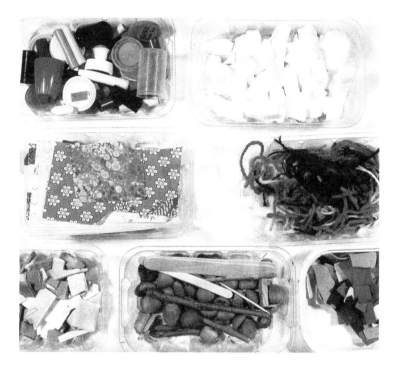

何年か前から私たちは、私たちの園において、教師や親たちを励まし、興味深い材料を集めたり、それら材料の効果的な活用の仕方を発見したりする活動に取り組んできた。様々な事物が教室の中に持ち込まれた時、何でもない瓶のキャップや、こわれた宝石や、成形されたプラスチック製品といったもの、そして紙や厚紙が宝に変わっていく。そしてどのようにして様々な材料が様々なアイデアや考え方を燃え上がらせるかを研究する中で、次のことに気が付いた。即ち、先ず最初に私たちの興味や熱中や自覚に火をつけるのは、材料に目を向けたり、集め

ることによってなのだということに。私たちは、様々な材料を集めることに、子どもたちや、親たちに参加してもらうことが不可欠なのだと判断した。

始まり

本研究を始めるにあたり、私たちには、様々な材料を探したいという子どもたちの要請に親たちが協力してくれるよう求める必要があった。

私たちは一緒に手紙を書く。

リタとレーラは、お互いの考えを共有し、子どもたちとの初日のミーティング・プランを作成した。キャシーはこの冒険の始まりを記録するために、これら

の写真を撮る。

親御様へ

私たちは、子どもたちが様々な材料そのものを探し出し、発見し、集めた時、それが子どもたちにどのような意味を持つのかを研究したいと思います。このことは、子どもたちがそれらの材料を使い、関心を向けるその仕方に何らかの影響を与えるでしょうか？もし子どもたちが、最初からこの取り組みに参加していたら、いろいろと思慮し、努力することを、喜ぶことになるのではないでしょうか？

今日、皆さんはお子さんたちから、教室のアトリエを豊かにする為に、学校に持っていく、まだ有用性のある様々な材料を探してほしいという手紙を受け取ることでしょう。皆さんが、家のまわりにある様々な宝物を探し出して下さることを願っています。私たちは、皆さん方、ないしは皆さんの子どもさんたちがこのような活動に対して理解を持っていることに非常に興味を有しています。皆さん方が記録される、様々な材料についての対話や発言はどれも、私たちの取り組みにとって役に立つことでしょう。どうか皆さんのお考えをお寄せください。

敬具
グループA教員一同

Dear Parents,

Kids from Group A want to collect! Would you help us?

When you are looking in drawers, you might find some things that we could use for projects. When you are putting out your "recycle stuff" or are outside walking, you might find some small things. We want to collect! We are going to bring bags home to collect our stuff. Please help us find things like broken jewelry, ribbons, feathers, metal and plastic things, clear or white containers—many things could do! The list that we are bringing home has more ideas.

Love,
Kids from Group A

教師たちは、様々な材料を分類し、分けるために、透明な入れ物ケースと白い入れ物ケースを集め始めた。透明な入れ物ケースと白い入れ物ケースによって色々な材料が展示され、子どもたちや大人たちは、中に何が入っているか「読む」ことが可能となる。

子どもたちと一緒に旅を始める

　全クラス児童と一緒に行う朝のミーティングで、私たちは次のように質問す

る。「教室に最近やってきた様々な材料があることに気が付きましたか？私たちは、興味深そうに見え、使ってみて面白い、様々な物や材料を発見できたので、次のように考えました。即ち、多分あなたたちやあなたたちのお父さん、お母さんが、私たちのこの宝石探しに参加してくれるでしょう、そして私たちのアトリエの為に材料探しをしてくれるでしょう、と。」

　私たちは、更に収集のために次のように考えた。手にとれる、実践的な何かを、子どもたちに持たせて家庭に送る必要がある、と。そして、リータ・ハリス Rita Harris の詩の付いたバッグを用意した。私たちはその中に、材料リストを入れて、親たちに材料についてのアイデアを伝えたいと思う。

お手紙　親愛なる親御さんたちへ

　「グループ A の子どもたちは集めたいと思っています。ご協力いただけませんでしょうか？

　皆さんが引き出しを探していただけましたなら、恐らく私たちのいろいろなプロジェクトで使うことができるようなものをいろいろと見つけ

出すことと思われます。皆さんが皆さんの「リサイクル品」から取り出している時に、あるいは外を歩いている時に、小さなものを見つけ出されるかも知れません。私たちは集めたいと思います。

　私たちは私たちの「もの（オブジェ）」を集めるために紙バッグを家に持ち帰ろうとしています。例えば、壊れた宝石や、リボンや、羽や、金属やプラスチック製品、透明なコンテナや白いコンテナといったものです。──多くのものが役立つことでしょう。私たちが用意してきたリストには、もっと多くのアイデアが記載されています。

　　愛を込めて
　　グループＡの子どもたちより

集める材料

ワイヤー、	貝殻、
毛皮、	スポンジ、
ビーズとボタン、	小さな種子の容器や、
服飾用の宝石、	木のスクラップ、
こわれた宝石、	コンテナ（できれば
平リボン、	白か透明のコンテナ）
結びひも、	バスケット、
リボンと編物用糸、	厚紙の破片、いろい
古い鍵、	ろな種類、形・色の
壊れた小さな機械、	しかし記載のない、
（則ち時計や置き時計）、	印刷のないもの。
コルクやビンのキャップ	様々な重さ、

毛皮の遺物、	手触り、色の紙、
プラスチックのソックス・	釘、
ホルダーや	ネジクギやボルト、
ひげそりのブレード・	小さな鏡、
ホルダーや、他の成形	
されたもの（オブジェ）。	

安全注意のメモ；

　幼児と一緒に様々な材料を集めたり、使用する時には、十分な注意と適切な判断をしてください。親御さんたちは、幼児が様々な材料を使うのを承諾する前に、それら材料が清潔で、鋭利でなく、有害でなく、潜在的に危険でないかどうかを注意深く見定めなければなりません。小さな事物を確実に幼児の手が届か

Materials to Collect

wire	shells
feathers	sponges
beads and buttons	small seed pods
costume jewelry	wood scraps
broken jewelry	containers: preferably white or
tape	transparent
string	baskets
ribbon and yarn	cardboard pieces: all kinds and
old keys	shapes, but not with writing or
small machines that don't work	print
(i.e, watches and clocks)	paper of different weights, tex-
corks and bottle caps	tures, and colors
leather remnants	nails
plastic sock holders	screws and bolts
razor blade holders and other	small mirrors
extruded objects	

Safety Note

Please use great care and good judgment when collecting and using materials with young children. Parents should carefully determine that materials are clean and not sharp, toxic, or potentially harmful before allowing young children to use them. Be sure to keep small items away from very young children. Children under the age of three or four often put small objects in their mouths, creating a potential choking harzard.

ないようにしなければなりません。3歳
か4歳未満の幼児の場合には、小さなも
のを口の中に入れたり、突然のどを詰ま
らせたりすることがあります。

この金色の輪がどこから来たと思い
ますか？

先生は、生徒たちに誘いかける。「もし
皆さんが、お父さん、お母さんに手紙を
書くのをお手伝いしたいと思うのでした
ら、ミーティングが終わった後で、絨毯
の上に残ってもいいですよ」、と。

期待を創造する

教室のスペシャルなゾーンに複数の紙

バッグが集まり始めている。私たちは、
標示を付けて、そのエリアが子どもたち
の目につくようにする。

バッグに付けられた様々な詩や、子ど
もや親たちの興奮に応えて、テーブルが
一杯になる。子どもも親も、彼らの宝物
を見せたがっている。私たちは、親たち
がそんなに意欲的に参加してくれるとは
思っていなかったが、子どもたちと同じ
ように、興味をもっている。彼らは、他
の家庭ではどんなものを発見したのか、
見たいと思っている。

紙バッグを止めクリップで止めておくのは、中
身を入れておくのに良い方法である。期待して
います、という感じを維持しておくために紙
バッグを開く前に、ほとんどの紙バッグが返っ
てくるまで待つ。

アニーとお母さんは、ある朝早くやっ
てきた。アニーのお母さんは、言う。
「これは私が、経験した最も楽しいプロ
ジェクトの一つだと思います。このプロ

「私の紙バッグに何が入っているのかを見るまで待って！小さな穴から、何が入っているか見えるわよ。たぶん、少し覗き見ることができるわよ。見て、私の持っている魔法の杖で現れるわよ——見て、紙よまるまれ。」

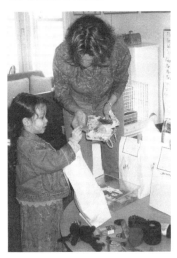

ジェクトのおかげで、アニーは、ものをいろいろ違った角度で、何にでもなれる材料として見るようになりました。アニーは、その上に小さなスミレが刺繍してあるリボンを持っていました。それは、彼女にとってとても特別な物でした。アニーは、そのリボンを2枚持っていたので、その一つを共有バッグの中に入れ、もう一つは家でコラュージュ・ボックスにしまったのです。」

大オープニング・セレモニー

教師は子どもたちに順番に紙バッグから出してみるように推める。

　本園の大オープニングの前に、私たちは教師たちとミーティングを開き、紙製のバッグのオープニングをどのように行うかプランをたてた。私たちは、園の様々な容器を集め、子どもたちが発見した事物を収めた紙バッグを集める。私た

ちは、誰が話し合いの司会を務めるか、誰がミーティングの観察と記録を行うか、そして誰が写真を撮るか決める。私たちは、フィルムをもっと買い、テープレコーダーの新しいテープを購入した。ヴィデオカメラさえ見つけている。私たちは、発見という重要な瞬間が消えてしまって、記録も残らなくなることにならないようにと望む。様々な画像や録音は、私たちが将来になって参照することになる様々な記録を集めておく上で助けになる。

　私たちは、実際に何を期待すべきか解らないが、フレキシブルとなるように準備できている。私たちの誰もが、これから何が起こるかに興味を持ち、またこれから何が起こるかを発見することに興奮している。

　先生：「グループＡの人、先生はあなたたちがそうしたように、これらのバッグのうち一つのバッグを持ち帰って、見せてもらいました。そして、調べてみて、私に訴えかけてきたものは何だったのか知りたいと思いました。…先生は、興味深い形や色彩を発見しましたので、それをバッグの中に入れ、学校に持ってきました。数分以内に、私たちは紙のバッグを取り上げ、それらを大きく積み上げるつもりです。」

　マティー：「それらは全部混ぜ合わされるのですか？」

　ハナ：「知っているわ。私たちは、絨毯を広げて、お互い同士遠く離して置いて、そして紙のバッグを取り出して、私たちの前で、空にして、私たちお互いに何を訴えかけてくるかを見ようとするのよ。」

　先生；「それら全てを混ぜ合わせて、一つの大きな山に積み上げたらどうだと

子どもたちは集めたものの山が大きくなるのを熱心に見つめている。

思う？そうしたら、私たちは誰もがそれぞれ皆に何が訴えかけてくるか、解るようになるわ。」

子どもたち：「そうよ」「そうだ！」

先生：「私たちが始める前に、誰か集めている時に起こった何らかの特別な、あるいは興味深いことがないかしら？」

エマ：「壊してしまった私の古いおもちゃを私はいくつか発見したわ。それなので、それらを私の紙バッグに入れたわ。」

アニー：「私はキャンディーの包装紙とリボンと、いくつかの紙を発見したわ。」

ハンナ：「この時計は私の家で動いていなかった。私たちは電池を取り外して、それらを私は紙バッグに入れたわ。」

マッティ：「私たちは置き時計を開けて、機械の小さなパーツを見ることができたわ。そしてどのようにしてそれらが動くかを見ることができたわ。」

ケイトリン：「私は私の妹のものを取り上げることはできなかったわ。」

ジェレミー：「私は発砲スチロールを見つけたわ。それはへこましたり、それで星を作ったりできるわ。外にあったプレス道具を見つけたわ。」

先生：「先生は素晴らしいアイデアをたくさん得ることができたわ。でもまだ、私たちの紙バッグの中にしまわれたものを見ていないわね。さぁ、紙バッグを持ってくるのを忘れていなければ、オッケーだわ。私たちは、全てを分かち合いましょう。」

観察すること

その先生は、子どもたちが自分たちの観察に集中できるように援助しようと決心する。

先生：「それは刺激的だわ。ほかの何かに挑戦してみましょう。絨毯の真中においてあるいろんなもの全部を見てごらん。どれが特に興味深そうか、好奇心を引き起こしてくれそうか見てごらん。それから、目を惹きつけられるもの…あなたたちに訴えかけてくるものはどれかな…お話をしてください。」

ガブリエッラ：「松ぼっくり」

ミュリュ：「鍵」

ロジャー：「ゴルフのボール」

先生：「美しいものにはたくさんのものがあるよ。日常のいろいろなもの、以前に見たことのなかったものなど。私たちは、それら全部を活用してどうしようかしら？」

子どもたち：「それで遊ぼう。」

先生：「もし私たちが集めたいろいろな材料の中で遊ぼうとしたら、それらはつぶれてしまうことになるわ。でも遊ぶというのはいいアイデアね。選り分け

先生が教室で会話と言葉のやり取りを記録する。

ゲーム sorting game をしましょう。この興味深い、すばらしい色彩豊かな様々な材料の山を、もっと小さな山に選り分けたら、どうですか？」

子どもたち：「賛成。」

先生：「ロジャー、あなたは考えを思いついたようだわね。どんな風に私たちは分類できるのかしら？」

ロジャー：「僕らはいろいろなものを集めて、そしてそれらをどこかに置くんだ。すると積み上げられたものはもっと少なく、もっともっと少なくなっていく

でしょう。そして積み上げられたものは、非常に少なく、非常に非常に少なくなっていくので、あとには何も残らなくなるよ。」

先生：「それじゃー、あなたはまず最初に何を選びたい？」

ロジャー：「ゴルフボール」

先生：「オッケー、ロジャー、あなたは、ボールのようなもの、丸いものを集めることで、私たちが今取り組んでいる分類することを始めてはどうかしら？皆さん、これから皆さんに聞きますので、皆さんが何を分類したいか、考えなければなりませんよ。

ロジャー、あなたに小さいトレーを取ってきてあげますから、それがあったらあなたは作業しやすいでしょうか？」

ジェレミー：「ロジャー、ここに小さなボールがあるわ、ほらそこ。」

アニー：「ヘーイ、ここに壁紙があるわ。」

先生：「誰か、たくさんの壁紙で作業をしてみたい人はいますか？アニー、ここにあなたが壁紙を集めるのにおあつらえ向きのトレーがあるわ。」

ミリアム：「私はリボンをたくさん集めて山を作りたいわ。」

ケイトリン；「私は紙を集めたいわ。」

先生：「エマ、どんなですか？あなたは何を集めたいの？」

エマ：「私は宝石を集めたいわ。」

先生：「あなたは何を集めたいの、ミュリュ？」

ミュリュ：「金属。」

先生：「素晴らしい考えだわ。ミュリュにあげられそうな金属を知りませんか？」

アニー：「私は鍵を発見したわ。ほら、ミュリュ。」

アーサー：「僕は木を集めているの。」

ジェレミー：「あー、布地。」

先生：「少し退がって。他のお友達にも集める機会を与えてください。皆さんの番はすぐに回ってきますよ。」

ロバート：「僕は見疲れてしまったよ。」

子どもたちからこのような発言を聞いた後、教師は次のように示唆した。「もし皆さんが、分類はもう十分行ったと感

先生が教室で会話と言葉のやり取りを記録する。

じた時は、私と一緒に来てください。他にどんなことをするか話し合いたいと思います。あとでもう一度戻ってきたいと思ったなら、他のお友達が少なくなってから、それをしていいですからね。」子どもたちを見ながら、私たちは次のように考える。彼らのうちの何人かにとっては、その経験は少し大変だな、と。私たちは次の機会には、子どもたちが小グループになって自分たちの紙バッグを開けるのもいいと考えた。

観察し、分類し，整理すること

子どもたちが、次から次へいろいろなパーツを取り出し、それらを研究するのを見ていた後、—それらは何であるのか、それはどこからきたのかについて推定していた後、次の点が明らかとなった。即ち、子どもたちの主要な関心は、見ること、感じること、比較すること、記述すること、対比すること、様々な観察を他の人と交換することであることが明らかとなった。子どもたちは実際、何かを作ることには興味を持っていない。

先生たちは、子どもたちの議論を見守り、観察し、記録することによって、子どもたちが、ユニークで、予期しないような形の、組織したり，把握したり、記述したりする仕方を有することを学んだ。それは、大人には思いつかないよう

なアプローチであった。子どもたちが考えつく、フレッシュで、並々ならぬアプローチに精通し，感じ易くなることは、様々な新しい考え方に開かれるようになることである。このことは、大人が子どもたちから学ぶことのできるアプローチの一つである。しかし、これらの様々なモメントといえども，記録されなければ、多くの場合通過され，見落とされ、或いは忘れられてしまうことになる。

子どもたちがいろいろなもの（オブジェ）について判断し，或いはそれらがどのカテゴリーに向いているかについて判断する時、彼らはつぎのようなことを学ぶこととなる。即ち、様々な材料が有している特性を学ぶことに。そしてまた、子どもたちは、豊かに記述する用語を使うことを学ぶことになる。

「それはパズルみたい。それはお互いにフィットするわ。」

私たちは、身近かなクリップボードや、パッドや、ペンを持っていることが大切だと気がつきました。

ミュリュは、友だちのジェレミーがバッグに入れて持ってきた、ピンク色のスチロール片で実験する。

子どもたちの考えを聞く

　子どもたちの最初の段階の探求にさえも、私たちは子どもたちの興味関心がどこにあるか発見することがある。将来の探求のための諸々のアイデアや、将来のプロジェクトのためのアイデアが生まれ始める。様々な経験について話し合い、諸々の記録に目を通し、録音のある部分に耳を傾ける中で、私たちの考え、再検討すべき重要なモメントが何であるかわかる。そのプロセスの中で、私たちには、子どもたちが何について考えているか、そして何に疑問を持っているかということが明らかとなる。これらの子どもたちに対する私たちの敬意は高まり、私たちが教えている、しかし私たちに教えてくれる子どもについてのイメージに、私たちの新しいイメージを付け加える。そして私たちは、この学習過程を推進しているのは、経験と分析との相互作用であることを知る。

プラスチックの特性を発見する
　ジェーミー：「それはここに入るわ。私たちはプラスチックを持っていると思うわ。…そのプラスチックはどこに入るの？それはここに入ると思うわ。これもプラスチック。」
　アーサー：違うよ、そうじゃないよ。」
　ジェーミー：「その中にプラスチック

があるわ。」
　アーサー：「オーケー。」
　ジェーミー：「懐中電燈。それは壊れている。それはプラスチック。」
　アニーはメタファーを創る。「銀色の針金は、銀色の友達のようなものよ。金色の針金は、金色の友達のようなもの。」（クラスの子どもたちは、次のように朝早く歌い始める。「新しい友だちをつくりましょう。でも古くからの友だちも大切にして。一人は銀色で、もう一人は金色の友達よ。」）

古い針金についての考察：
　トーマスは、アンティークを集めてい

る両親が集めた、大きな釘を観察していた。「これはどこからきたの？僕が思うには、削り取られた釘だと思うよ。大きな釘、君は多分、ボートを一緒に組み立てるのにそれを使えるよ。…それは非常に古く、よごれている。そしてたぶん、線路からのものかも知れない。誰も知らないよ。」

仮説の検証

ステファン：「僕は金属製のものを発見したよ。それは金属製のものだよ。だって、それらは金属製だって感じるからだよ。」

テイラー：「僕も感じられるかな？その通りだよ。」

ステファン：「それらは金属だよ。」

ケイトリン：「厚紙、厚紙。あなたは私たちが他のカテゴリーを必要としていると思う？あなたは私たちが何をすべきか知っているでしょう。私たちは、どのようなものも学校を飾るのに使えるのよ。」

マッティ：「僕のお気に入りを知って

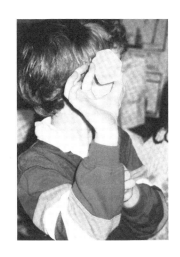

いる？腕時計だよ。」

ハナ：「メイキャップ・ブラシを取り上げた時、次のように言ったよ。『多分、私たちはお店をもてるよ。』」

マサエ：「音楽を作りましょう。聞いて，これらのビーズで音楽ができるよ。」

経験を見直す

グループになって、子どもたちは諸々の材料のリストを作った。

幾つかのカテゴリーは、少数の品目でしかないものもある。リボンやプラスチック材料が一番多い。

子どもたちのカテゴリー・リストは以下の通り。

ボール	園外のもの
紙	プラスチックのもの
布地 fabric	骨董品
植物の芯	包み紙
貝殻	撚り糸状のもの
星	ストロー
金属	柔らかいものとカ
木	ールしたもの
リボン	音楽を創るもの
花	美容院のもの

朝の最後に、子どもたちと先生は様々な材料に何が起こったかを知るために集まる。子どもたちが分類された材料のコンテナを眺めている時に、先生は様々なカテゴリーのリストを読み上げた。

私たちは、子どもたちが様々な材料に諸々のアタッチメントをつくりあげたように思われることを観察する。子どもたちは、その際、様々な材料を独占することなしに行ったのである。

ボタン　　　　　コルク品
キー　　　　　　輝けるもの
ジュエリー
こま

私たちのすてきな材料たち

　その日の終わりに、教師と子どもは、様々な材料を動かし、まとめて整理する。私たちは一緒に、様々な材料がいかにすてきで、いかに魅力的となったかを発見する。私た

ちは何度も何度も、いろいろな材料を配置し、再配置する。私たちがそれをするたびに、私たちは新しい可能性を発見

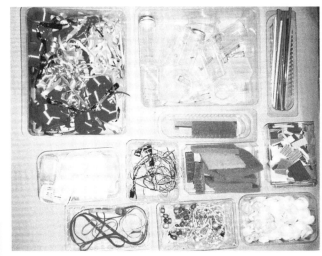

諸々の材料が混乱した時、私たちは、子どもたちに遊びながらそれを元に戻すようにガイドする。

子どもたちが諸々の材料を部屋に持ち込んだ時、それらをカテゴリーに分類することは、家庭から学校へ移行させる（切り替える）すばらしい方法である。更にまたそれによって、子どもと親は直ちに一つの課題に取り組むこととなる。

し、私たちが興味を抱いた詳細部分に喜びを抱く。更に私たちは、白や透明なプラスチック容器がいかにそれぞれの材料の美しさや魅力的な質を高めてくれるか、気がつく。私たちは、私たちが集めた材料がより一層豊かでであればあるほど、様々なカテゴリーはより一層変化し、より一層はっきりしてくることに気がついていく。

親たちに参加を呼びかけて

　親たちが彼らの子どもたちを迎えに来た時、彼らは私たちのコレクションをみて、称賛する。ここに、徹底した考察と発見が始まる。子ども、教師、親たちの誰もが、諸々の潜在的可能性を持つ材料についての新しい考えを持ち始めてい

く。その後の数日間、数週間、一年間の間に、親たち、子どもたちは、注意深く選択した様々な材料やプラスチック容器を持ってくることによって、教室に貢献することになることに喜びを発見していく。

秩序を生み出すこと

　様々な材料が教室に入って来た時に

裁断は、幼児期に取り組むべき非常に重要なスキル。この美しい紙を使いたいという欲求は、アニーにとって強い推進力となる。

アーサーは部屋に入ってくると、いくつかの材料を自分のバッグから取り出して、みんなのコレクションに入れる。彼は、自分の宝物をそれぞれどこに置こうかと考える。

包装紙のしわのよっていない、テープの貼って
いない部分を裁断することは、興味深い紙を集
める最善の方法である。

ある日、石鹸水ときれいな水の入ったプレートが、様々
な種類の材料を洗い、乾かすために子どもたちに配られ
る。子どもたちは、「実際の」仕事を必要とし、欲しが
る。そしてそれらの仕事をすることを楽しむ。子どもた
ちは、材料を洗浄することが、大切な仕事であることを
知る。というのも、もしそれらの材料がきれいなもので
なかったならば、これらの材料を使うことが不可能とな
り、魅力的なものとはなれないからである。子どもたち
は、仕事を協同してこなすことができるようなアプロー
チを実現させ、その過程の中でこれらの材料の方法をよ
り一層良く識るようになる。

は、行わなければならない仕事がある。
包装紙やその他の材料で使える部分を切
り出すこと、このことが様々な材料を、
見て、保管し、活用するために十分な寸
法にしてくれる。

　アニーは、自分が女の子のドレスを創
るために使いたいような包装紙を一定量
保存する。アニーは次のように言う。
「私はゴージャスな女性を作るためにそ
のゴージャスな紙を一部使いたいわ。そ
して、私は輝くようなものも使いた
い。」彼女のアイデアを実現するため
には、アニーは紙をもっと小さく
する方法を見つける必要がある。こ
の課題を解決するため、アニーはこ
のプロセスで裁断のスキルを活用
し、実践する。

　子どもたちの身の回りには、常に
余りにも使いにくい材料や、扱いた
くない材料がある。散らかりの山
は、非常に気をそらすので、教師た
ちは不可避的に選択をしなければな
らず、いくつかの材料は取り払わね
ばならない。このことに慎重に対応
することによって、子どもたちの気
持ちや、親たちの気持ちを傷つける
ことを回避することが可能となる。

アトリエ・スペースを整える

　多くの教室に設置されている典型

的なスタイルのアート・コーナーでは、クレヨン、マーカー、ハサミ、ステープラー、テープ、糊、スティック接着剤が置かれている。これら全ての備品が、注意深く行われる選択によってレベルアップされ、興味深く、魅力的な形で提供されている。そしてそこには、発見された様々なもの（オブジェ）や諸々の自然の事物が含まれている。さまざまな種類の包装紙とデッサン用の材料によって他の選択ができるようになる。透明な容器や白い容器の中に、様々な材料を蓄えることによって、子どもたちはそれぞれの材料のいろいろな色彩やテクスチャーをはっきり見ることが可能となる。同様にして、家具、壁、棚が白色やおとなしい色の場合、様々な材料の性質がそこに保存され、様々な材料の性質がより一層明らかとなる。

考えるための実験室

アトリエ・スペース Studio space は芸術的な事柄が行われる孤立した場所ではない。それは、「考えるための実験室 Laboratory for thinking」である。それは、考えることは材料を通して表現される、ということを発見する場所である。このことが起こるためには、様々な材料を見ることができ、触れることができるような、それゆえに子どもたちにとって、自分は何をしているのか、という所へ立ち戻れる可能性、そして様々なアイデアを振り返れる可能性が存在するようなスペースを創ることが重要なのである。子どもたちが、様々な材料を扱った作品［仕事］に精神的に集中できるような特別なスペースをキープすることは、学ぶことにとって、助けとなり、子どもたちが自分たち自身の強さを発見することに貢献する。

理想的なスペースは、様々なアイデアを一晩中、或いはもっと長い間、ろ過する時間を可能にしてくれる。その結果、当惑するような様々な問題に対する新たな熱中や、新たな、様々な解決が増えていき、試行される。未完成であっても、完成であっても、子どもたちの仕事のためにまさに一つの棚を空けておくことによって、子どもたちとスペースとの結びつきが生み出される。その棚は、子どもたちが時々訪れてくる小さな作品展示エリアとなる。更にまた、それは、子どもたちどうしの話し合いを鼓舞してくれる。子どもたちにとって、それはお互いの作品を通して、お互いを知り合いにさせてくれる方法である。私たちは、子どもたちが自分の作品を上に置いた時、自分の作品が魅力的になるように子どもたちを励ます。

子どもたちにとって、アトリエ・スペース（ストゥーディオ・スペース）を設営し、維持することに参加することは重要なことであるが、注意深く選択された時間に、教師たちのサポートを活用して行うことが大切である。分類することと組織すること、編集すること、きれいにすること、展示すること、秩序立てることは生涯にわたるスキルである。季節とニーズが変わり、様々な材料が活用され尽くし、諸々の新しい材料が教室に役立つこととなった時、アトリエは新たに編成され、再アレンジされることが求め

られる。教師と親たちがこれらの課題を遂行することを助けることが、子どもたちにこれらのスキルを活用し、発展させる機会を与えてくれ、美的な環境の中で過ごす喜びを体験する機会を与えてくれる。

　教室のコーナーは、探求のスペース、考えをめぐらす静かなスペース、更には庇護されたスペースに成りうる。様々な

イタリアのレッジョ・エミーリアにある幼児の学校の設立者、ローリス・マラグッチの名言には次のような言葉がある。「私たちの学校のアプローチでは、アトリエは学校内にある付属的なスペースであるが、そこでは私たちの手と心を使って探求し、私たちの目を純化することが目指される。」（『子どもたちの百の言葉』、p. 143）

アトリエ・スペース（ストゥーディオ・スペース）

材料が系統付けられ、魅力的に提示された時、このスペースは、子どもたちへの招待となりうる。子どもたちは、様々な材料に取り組むばかりでなく、それら材料を取り扱い、それら材料を秩序づける。様々な材料を容器の中に入れて保存することによって、子どもたちが容易にアクセス可能となり、同様に子どもたちが片づけることも容易になる。

私たちが学んだこと

材料を導入することについて

　私たちは皆この最初の経験をいかに計画するか何回も何回も考えた。そして私たちは、次のように考えた。即ち、私たちは、教室の社会生活に影響を与えることのできるような状況を実際に造っているのだ、と。配慮が必要とされたのは、どのようにして私たちが様々な材料を導入するかということだった。そして私たちが非常に悩んだのは、子どもたちが持ち込んでくるたくさんの材料について、更にはたくさんの材料をいかに扱うか、ということであった。今私たちは、紙バッグに材料を入れるというのは素晴らしいアイデアであり，サイズ的にもすばらしいということに同意する。なぜなら、コンパクトな量になるからである。

収集することについて

　子どもたちは、様々な材料を集め、研究するという点に関して、ナチュラルな願望を持っているように思われたが、教師として、私たちにはそれら材料を集める前に、様々な材料の有する特性を理解することが求められている。私たちが諸々の材料を集め、材料で遊んで過ごす時間は、子どもたちと一緒に行う、この旅を始めるのに十分な程、心地よく感じさせてくれた。

分類することについて

　私たちは、それら諸々の材料が、非常に興味深いものだということを知っていたとはいえ、子どもたちがいかに興味をそそられるか、更には子どもたちがどれだけ長い時間それら材料を眺めたり、触ったりして時間を過ごしたがるかを理解していなかった。分類することは、系統だった形で観察したいというこの要求

に、水路を掘り、育むために、すばらしい乗り物となった。分類することによって、子どもたちは様々な材料に興味を持った。そして私たちが気がついたことは、子どもたちが自分たちの発見した全てのもの（オブジェ）をうまく取り扱えたということ、そしてそれらを繊細に取り扱えたということである。様々な材料にこのような関心を向けることによって、それらの材料は、貴重なものになった。私たちが気づいたことは、分類のプロセスが更にまた、子どもたちにお互いを結合させる一つの乗り物を与えてくれるということであった。

コミュニケーションについて

私たちはすぐに、感動した大人がコミュニケーションを取ることに、更には対話を進めることに参加しなければならないことを理解した。質問の種類は、いつ質問するか、いつ観察するかと同様、子どもたちと共にいる瞬間にささげられる大切な部分となった。子どもたちの様々な会話を振り返ってみると、私たちが以前には意識しなかったような子どもたちの興味・関心がいかに多く出されているかに驚いてしまう。この初期段階でも、私たちは、興味深い様々な質問やテーマが出されていることに気がついた。

本章のまとめ

私たちにとって圧倒的な感情は、全ての経験が非常に豊かで、興奮させてくれるようなものであったのであり、親たちを参加させる優れた方法であったことである。

（キャシー・W・トッパル）

第2章

材料を探求する

それぞれの材料が独自な特徴を有している。そして探求することは、子どもや大人に、それら特性を探求するための乗り物を与えてくれる。更にまた探求することは、特別な材料によって何ができる

かを見つけ出すことを意味している。それは曲がることができるの？どのくらい？それは形があるの？積み重ねられる？それは一人で立つの？

幼い子はデザインの自然なセンスがあ

教師として私たちがこれら
の材料の全てを時間をかけ
て探求する時、これら材料
には潜在的可能性があるこ
とに気がつき始める。

る。とりわけ幼児の時には、それははっ
きり現れている。20世紀の大多数の芸
術家たちがそれぞれの作品 [仕事] で取
り戻そうとしたものは、このデザイン・
センスであった。もし探求のための機会
と時間が与えられたなら、子どもたちは
当然ながら様々なもの（オブジェ）を大
きさで整理し、諸々のものを色と形で分
類し、まっすぐなものであるか、曲がっ
たものであるか、ざらざらしたものであ
るかすべすべしたものであるか、平らな
ものであるか丸いものであるかで分け
る。子どもたちが、ものを取り扱う時、
彼らは多くの場合、それらのものを、対
称的に、放射線状に、そして風景、機
械、人、動物のような現実のものを表す
構成で配置する。
　様々な材料を探求することは、印象深
い経験である。それは想像力を刺激す
る。それは子どもたちを、物語りを語っ
たり、いろいろなゲームを発展させる所
へ導いてくれる。社交的な相互作用こ
そ、探求の自然な成果物である。諸々の
材料を探求することは、デッサンやコ
ラージュ、舞台構成や立体構成といった
ような表現へ至る、他の大通りへ向かう
橋でもある。

「もう一つタワーを作ろう。—帽子のタ
ワーだよ！」
「パターンを作ろう。黒い帽子、こま、
黒い帽子、こま。」

子どもたちは、様々な材料を発見し、新しい友情を見つけて喜んでいる。

最初の出会い

　子どもたちが紙バッグを開けるのを見ながら、ある朝を過ごしたり、そして数日間、子どもたちが小さなグループに分かれて分類するプロセスを続けながら過ごした後に、私たちは次のことを発見した。即ち、子どもは明らかに、様々な材料を触ったり、試してみたり、比較したりしたものの、私たち教師が計画したよ

小さなプラスチック製チェスのコマを見つけ出すことがきっかけとなって、テイラーは考え、次のように言った。「ちょっとかっこいいぞ。僕は小さなゲームを作ったよ。それは本当にゲームだよ。これをあるスポットへ動かして、それから質問するんだ。それから他のスポットにこれを動かして、他の質問をするんだ。ちょっとみんな、何か知っている？僕はみんなにどのようにゲームするかを教えるよ。それをあるスポットまで動かして、それから君たちは質問するんだ。」テイラーは、コンテナにもの（オブジェ）を返す前に、更に自分の配置を実験する。

うな、より一層集中的な分類に着手する準備はできていないと。その代わりに、子どもたちは、自分たち自身の作業のペースと方法を持っているように思われる。私たちは、子どもたちが何をしようとしているかを観察することによって、次にどこに向かうべきかを学ぶ。

子どもたちのペースと興味に敏感になること

　子どもたちは、一度に一つのもの（オブジェ）を注意深く取り上げ、注意深く調べた。子どもたちはそれをひっくり返し、それを研究し、度々それについて話し合った。それから彼らは、もの（オブジェ）を注意深くそばに置いた。それはあたかも、ほとんどそれぞれの新しいものを彼らの経験という個人的な蓄えの中に入れているかのようである。彼らが、それぞれの新しいものを探求する時、それは、自分たちの脇のフロアの上に注意深く置かれた、小展示物の一部となったかのようであった。私たちは、その後の数日間、この観察を続けようと決心する。

　一つのフレームワークを準備するために、私たちはそれぞれの子どもに、一枚の書き込み自由な厚紙を配る。私たちは、テーブル、または床の上に、いろいろなものが混ざった、小さな材料コンテナを取り出す。私たちは一度に全部で

１８人のクラスの子どもたちと一緒に作業をしていたので、そしてまた見渡すのに十分な材料があるのを確かめたので、子どもたちに、特に興味を持てるようなものを８個まで選び出して作業を始めるように言った。子どもたちが気に入ったものを数点発見した時──そしてまた子どもたちはいつも他の箱からいろいろなものを移し替えたり、より一層多くの材料を加えることができるので──自分の友達にいろいろなものを見せることができる。そして私たちは全ての展示を見せ合うことを計画する。

教えることは学ぶこと

　この探求が行われるのを見ることは、

子どもたちが探求している間の様々な経験から、私たちは子どもたちの深い興味とまでは言えないが、子どもたちの喜びの元を予感する。39 ページ収録の、アニーの結び合わせに何が生じたか確認してください。

私たちにとって学びの経験である。子どもたちは皆、全ての宝物に心を奪われる。部屋の空気は静かなざわめきに変わる。結果的に子どもたちが創った小さな

私たちは、幼児が、あるいは様々な材料と初めて出会う人々が、諸々のもの（オブジェ）をバラバラにしてしまうことを観察する。幼児たちは、様々なものを、それ自身の空間に入れようとしているように思われる。

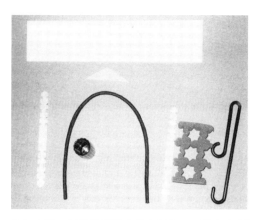

私たちは、写真や記録文書を通して、私たちが期待する子どもたちの配置の事例、同様にまた私たちが予想しなかった配置の事例を記録しようとする。

結み合わせは様々であり、機智に溢れている。何人かの子どもたちは、少ない点数を取り上げただけで、ストップする。また何人かの子どもたちは、様々な材料を見ることにとても熱中して、全て並べるのに手が回らない。——そしてそれはそれでいいのだ。私たちは、子どもたちの興味、知性、作業から生まれるアプローチに関して、非常に刺激的で興味深いことをたくさん発見した。そしてまた、立ち止まって、観察することによって、私たち自身の不確実さに関する刺激的で、興味深いこともたくさん発見したのであった。

エンマはこの写真を見て言う。「ハンナと私たちは同じものが欲しいと思った。私たちは、それぞれに一つを見つけたことを覚えている。私は『アー、私がそれを使っているの』と言う代わりに、『それを使っていいわ、私は他のを探すから』と言ったのよ。ハンナは、ちょうどそこで私に何かをくれようとしていたわ。」

デザインセンス

諸々のもののそれらの配置を見ていると、私たちは幼児の中に強いデザイン・センスがあることに気がつく。ピカソが次のように言う時、彼が言及したものとは、このコンポジッション・センスである。ピカソは、「かって私はラファエロのように描いたが、いかに子どものように描画するかを学ぶためには一生涯かかった」と語ったのである。幼児期に現れてくる強烈なデザイン・センスはしばしば誤解されたり、無視されることがある。子どもたちがどのようにデザインをまとめたか説明するのを聞くと、それは私たちが彼らの考え方や、多様に結びつける仕方を評価するのを助けてくれる。

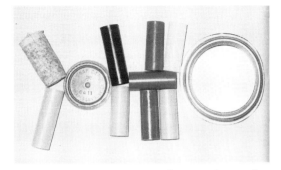

クラスの子どもたちはずっと昆虫の研究に集中してきた。一人の子どもがいろいろな材料を配置している時に、この昆虫をデザインした。彼は様々な昆虫についての教室での研究と自分が探求していたいろいろな材料とを結合させた。子どもたちが発見した様々な材料の形は、彼に昆虫の三つの部位を思い起こさせてくれた。

それは象、その象は後ろ足で立っている

僕は昆虫を作った

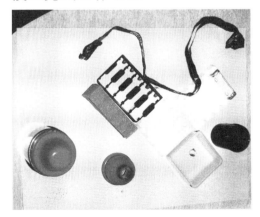

ジェレミーは、この写真にすぐ気がついた。彼は次のように言った。「僕は、君が組み合わせるものを見つけようとしていたんだ。」

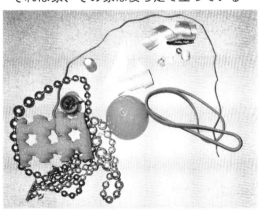

これは、アニーが完成させた組み合わせで、アニーはそれをグレーシーと一緒に始めた。アニーがこの写真を眺めた時、「これは象」と言った。「この象のちっちゃな、可愛らしい目（オレンジのビーズ）とちっちゃな、可愛らしい二本の脚（シルバーのビーズ）が見えるでしょう。彼の鼻（ゴムバンド）が見える？彼は後ろ足で立っているの」と。

子どもたちは、様々な材料により一層親しんだ後には、専らそれらを結びつけたり、いろいろなもの（オブジェ）を結合させたり、それらのものを使って創造しようとしがちである。

イザベルは様々な木の部材の入った箱の木製棒とつまようじを使って製作することを選ぶ。

普遍的デザイン

　大人は左右対称のデザインや放射状のデザインに心地よさを感じ、そして他のもの以上にそれらをより一層繊細なタイプの配置と見る傾向にある。ローダ・ケロッグは子どもの視覚的形状描写について行った詳細な研究の中で、一群の描写形状が幼児の製作の中で一般的な位置を占めていることを発見した。それらの形状の中には、左右対称のデザイン、放射状のデザイン、マンダラ、あるいは太陽といった形が見られる。私たちは、子どもたちを活気づけて、描画による子どもたちの形状の「記憶を記録」するように促す。

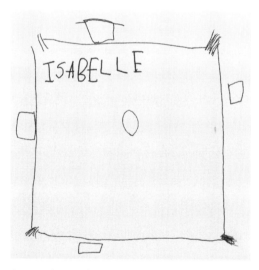

数か月後、イザベルは自分の作った配置の写真を見て、それを描画しようと考える。彼女は、「私はデザインするのが好きなの」と言う。

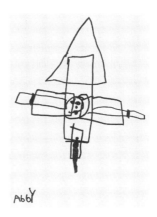

金属のもの（オブジェ）で物語りを語る

（様々なものの）表面の形は、子どもたちがもの
（オブジェ）を配置する仕方に影響を与えるのだ
ろうか？私たちは、異なった形の紙も活用した
時、このような質問を自分たちに投げかけた。

アビーは、自分のデザインを描画した時、その
左右対称のデザインを再構成した。一つの言語
からもう一つの言語に転換していくこと——例
えば組み立てることから描画すること——は、
子どもたちが自分たちのアイデアをより一層
はっきりさせることを助けてくれる。

ロバートの先生は、ロバートが一生けんめい
金属の組み合わせを配置することに、熱中し
ていることに気がつく。その先生はまた、ロ
バートがありとあらゆるパーツを結合させた
ことに気がついた。彼女は、ロバートの物語り、
「それは迷宮のようだ」に耳を傾け、観察し、
記録する。ロバートは、チェーンで結びつい
た、小さく、四角い金属部分を取り上げて言う。
「それは騎士だ。これはそれが出発した場所だ。
あなたは台所を通り抜けなければならない。
それは冷蔵庫。それは道。あれはもう一つの道。
あれらの銅製のものは、全部橋だ。」と。

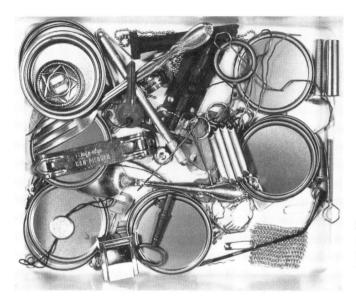

左：子どもたちが一つの容器の中に「金属製のもの」を置き続けていく時、いろいろなもの（オブジェ）がきらめきだし、ピカピカ光り始める。

金属のものを使って物語りをつくる

　材料は示唆的である。子どもたちが、一つのコンテナの中に似たようなものを置き、それらに付け加え続ける時、形、色彩、テクスチャー（手触り）のわずかな違いは、姿を現し始める。

太陽たち

　太陽の形状は、必ずしも太陽光線を出す太陽の再現である必要があるわけではないので、多くの場合、幼児が描画するのは最初に認識可能な形状となる。

円について考える

　様々な円を描くことは、なぐり書き（スクリブル）の諸経験から生まれてくる。普通、円は3歳から4歳にかけて

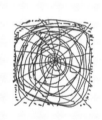

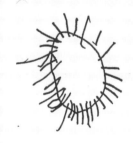

の幼児が描く最初の形である。先生たちがこのミラクルが起こるのを観察する時、彼らは子どもたちの作品を取っておく。

様々な円を続けて研究する

　子どもたちは次の日の朝ふたたび園に戻ってきた時、もの（オブジェ）の容器の横に円いものの箱が置いてあることに気が付く。それは、先生たちが置いてくれたものだった。

いろいろな材料を用いて製作していたトーマスは、金属の物体を探求することを決める。彼は言う。「僕は一人の人物を作っているんだ。かっこいい。それは輪のようだ…とても可愛い。…僕は、本当に太陽を作っているんだ。真ん中にあるのはデザイン。でも、やっぱり太陽。ここにあるのは、僕の小さなワークショップ。」

「いろいろな太陽。」あるいは、形の周囲を横切っている多様な線。多くの場合、子どもたちによって木、植物、そして手を描くのに使われる。ちょうど、この絵にみられるような、幼児の描画にみられるように。

この子どもは今自分の発見に心を奪われてしまっている。彼女は様々な円のヴァリエーション——大きな円、中位の円、小さな円——、そして円の中に位置する円、円の周りの円を描画する。何日もの間、彼女は新しく発見された自分のスキルを実践する。そして彼女は、たくさんの紙を様々な円で一杯にする。

一人の子どもによる新しい発見に度々みられるように、様々な円に対する興味は、伝染するように思われる。部屋の中にいる子どもたちはアトリエルーム内にある様々な材料からなる諸々の円を拾い出す。私たちは、子どもたちが丸いもので満たすことができるよう容器を準備する。

「たくさんの目のように見えるわ」

その先生は、子どもたちに刺激を与えられるような環境（状況）を作る。そしてそれは、子どもたちに円形のフォルムの研究を続けるよう促す。

一人の子どもが、自分のドレスがいろいろな円で一杯となっていることを発見し、イーゼルの所へ行く。そして他の媒体で自分のアイデアを実験する。そこで私たちは、他の形態を用いた他の類いの探求をしてみようと決める。

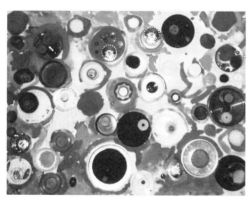

あるグループの子どもたちは、大きな厚紙の上に、円形のものを配置し、貼り付けた。その次の日、彼らはもの（オブジェ）が浮き上がってくるように、空間を着彩した。

色ごとに分類する

　分類することは、何日か経っていった時に、あるいは何週間か経っていった時に、より一層洗練されていく経験である。この探求は、3歳、ないしは4歳の女の子が、部屋のすべてのコンテナから「ピンク色のもの」を引っ張り出す時に始まる。先生は彼らに、皆さんは他の色

のものも分類したいですかと聞き、もっと多くのコンテナを活用できるようにする。

子どもたちのコメントを手掛かりに築き上げる

テープレコーダーのおかげで、子どもたちの語る言葉や子どもたちの言葉のやり取りを把握することが可能となる。テープレコーダーは、子どもたちが自分たちなりに活動している場では、あるいは教師が子どもたちに耳を傾け、観察している時には、しかもイベントが早いスピードで進行している時には、教師の耳

となる。記録されたテープを文字に起こすことによって、私たちは子どもたちの考えを再発見する。同じ日の後からも探求が続けられていく時、子どもたちのその考えが役に立つことに気が付く。さらにそれらの文字に起こされた考えは、子どもたちの親たちに参加してもらう時に役立つ。

ハンナ「ピンクは赤の家族の一部。それは赤の箱に入れるわ。暗いピンク…水のようなもの。」

アリアナ「私はあの色はここに置こうと思わないわ。なぜって、それはオレンジ色のようなものだもの。」

実習中の一人の先生が、子どもたちの語る物語り、考え方、相互の話し合いを記録しながら、子どもたちのアイデアの複合的な魅力を称賛するようになる。

ジャック「オレンジ色と緑が僕のお気に入りの色。実際、虹の色全部が好き。」

スティーブン「ハーイ、もう一つの灰色。僕は灰色を全て取り出しているよ。見て、鍵！金属のものはどこにあるかな。」

その先生は、繰り返しピンクの色彩を塗っている女の子たちのグループを観察した。彼女は、彼女たちのピンク色についての研究を推し進めることによって興味をより複合的な活動、並びに分析的な活動へと転換しようとチャレンジさせるためのアプローチを発見する。

左：ジェミーは、黄色のコンテナに入っていたもの（オブジェ）を配置する時、次のように言う。「あなたはピョンピョン飛ばなければいけないよ。次から次へと歩き回らなければいけないよ。だけど、あなたがどこへ行こうとも、何かがあるよ。…それは回りに黄色のドットで描かれた大きな太陽。…それらは、黄色の蜂。」

その先生はクロエとジェミーの作品を朝から保存していた。ここで、クロエは、自分がしていたことをクラスの他の人々に説明する。それからクロエと彼女の先生は、仕分けの仕方を提案する。仕分けした後で、子どもたちは一個のカラーボックスを選び出し、教室の中の大きな紙のセットの上にもの（オブジェ）を配置する。

色彩の探求を拡大する

　そのグループの少女たちが、運動場にいるクラスメートや友達に合流した時、彼女たちは色彩を整理することについて話した。ごく一部の他の子どもたちは、そのような経験を試してみることに興味を抱いたようである。いったん子どもたちが教室に戻ると、先生たちと子どもたちは一緒になって分類と配置の活動を行い、クラスの子どもたちに実際にそれに挑戦してみたらと誘う。

一人の先生が親たちや他の先生たちと共有すべき体験を写真に撮る。

子どもたちは、大きな作業台用紙の上にいろいろなもの（オブジェ）を拡げて楽しむ。今や、それぞれの、カラーボックスには、非常にたくさんのものがあるので、大きな紙が子どもたちにより一層の場を与えてくれる。他方では、より一層小さな紙は、子どもたちが三次元的に創造し、製作するのを活気づけてくれるかも知れない。

カルロスは、大きな黒い紙の上に赤い箱に入っていたもの（オブジェ）を配置している。それから彼は、スティーブンと箱を交換し、黒いもの（オブジェ）の配置にとりかかる。

足跡を記録する

　探求と配置を記録する写真は、経験を思い出し、拡げる上で、有意義なツールとなる。後にそれらの写真は、子どもたちのコメントも付されて、教室の中に展示される。どのようにしてこの探求がなされたのか、そしてその原理的根拠となったものは何かについての先生による説明は、親たちや、他の同僚たちに、様々な材料に基づく学びの大切さを伝えてくれる。

製作途中の収蔵棚

　アトリエの様々な材料は、研究が変化したり、発展したりするに伴って、いろいろと動き回る。今やクラスの仲間たちと一緒に作業をする代わりに、先生たちがカラーのもの（オブジェ）の箱をアトリエに運び入れたので、子どもたちは自分たちの最初の興味・関心を手掛かりに、そしてまた自分たちのデザイン・アイデアに基づいて創造し続けることが可能となった。製作途中の収蔵棚は、子どもたちを歓迎し、またその作業を続けるように推め続けさせてくれる。その棚は、子どもたちの製作に対する敬意、子どもたちの考え方のプロセスや時間のかけ方に対する敬意が伝えられている。

左：製作途中の製作のために用意された棚は、
子どもたちを、彼らが探求に戻るのに時間を
とり、彼らがより複合的なレベルに挑戦する
ことへ導いてくれる。製作途中ということは
暗に仕事が続けられるということを示してい
る。今ここに、カルロスが、ブルーのもの（オ
ブジェ）を組み立てているのを見ることがで
きる。他の子どもたちが、ブルーのもの（オ
ブジェ）を使っていたので、カルロスはその
製作に取り掛かることができなかったのだ。

　子どもたちは、それぞれが異なった
リズムを有している。ある子どもたち
は、課題が完成するまで仕事をする。
しかし、ある子どもたちは非常にがん
ばって集中的に取り組むが、しかし、
そのような強い集中を続けることが可
能である前に、小休止する必要がある。
彼らがやっていたことに立ち戻る可能
性があることによって、子どもたちの
様々な仕事の仕方が尊重される。

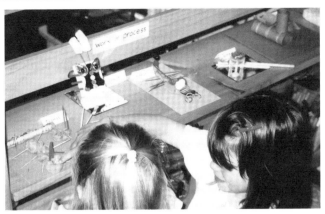

子どもたちは、粘土と自分たちが見つけた様々な材料を使って作られた昆虫を見て、話し合う。クラスの仲間たちによって製作された展示についての勉強は、会話と新しいアイデアを呼び覚ます。

私たちが学んだもの
探求すること

この経験の探求的な部分は、私たちにとっては最大の未知の部分であった。そしてそれはまた、ほとんど私たちを魅惑させてくれるものであった。私たちは

子どもたちは、それぞれの組に分かれて、色ごとに分類されたいろいろな材料を配置している。そしてそれらを紙の上に貼り付けておいて、一週間後には白い空間いっぱいに色を塗っていく。

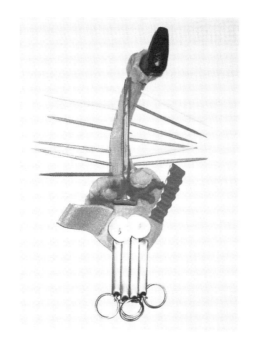

ほらこの棚の上に、陶器製の昆虫の写真がありますよ。

ずっと、子どもたちを体験や探求へ勇気づけ、それを拡大させるアプローチを探してきた。というのも、この種の経験こそ、子どもたちに満足を与えてくれるものであるということを知っていたからである。私たちはしばしば、子どもたちが、何かを作って手にしたいという必要性を感じている、と考えることがある。しかし実際は、反対のことを目にしたのだ。子どもたちによっては、様々な材料を用いて組み立てることに興味をもっていたのに対して、あるもの（オブジェ）を研究することを楽しむだけの子どもも

いた。またある子どもたちは、表現 design に興味を持っており、魅力的なコンポジッションを創ることに興味を持っているようであったが、またある子どもたちは、物語りを語るために様々な材料を活用した。

スキルのレベルについて

　私たちは次のことを観察した。即ち、子どもたちが一定のレベルの運動スキルが求められる時には、子どもたちのスキルレベルには様々な差異がはっきりと現れるということを。しかしながら子どもたちが自分たちの発見した諸々の材料を実験する時には、スキルレベルの差異は縮まる。そして勿論のこと、子どもたちの発明に喜びを抱き、友達同士の様々なアイデアの交換を励ましてきた子どもたちにとって養育的な教師の場合には、──仮にその教師が何を期待するべきかについて知らなかったとしても──子どもたちの中にみられるギャップを縮めることを助けることができた。

興味・関心を更新することについて

　グループとして様々な材料を実験し、その後でそれら材料をある新しい場所──それは恐らく一種の実験室 studio area であるが──に置くというアイデアは体験を生き生きとしたものとして保つやり方の一つである。

　諸々の材料をそれぞれの新しい場所に魅力的に配置することによって、子どもたちはその体験を思い起こすこととなる。

体験を保存することについて

　ある体験の痕跡、ないしはある体験についての記憶を保存することは、学習や教授の仕方にとっては非常に重要である。子どもたちによる諸々の材料の配置（arrangement）を展示することは、これを行う為の一つの論理的で、非常に効果的な方法である。先生たちは子どもたちに、「皆さんの配置について話し合って下さい」と言う。先生たちは、更に同様に様々なイメージを保存する為にスケッチや写真を利用した。作業中の子どもたちの諸々の写真に助けられて、親たちは、諸々の材料を取り扱う活動に対して子どもたちが非常に強い関心を有していることを見、理解した。そして子どもたちからの直接的な引用や、カメラや映像機器が説明してくれる、書きおこし文書は、親たちにとっては有益な参考資料となった。子どもたちは、自分たちの先生が、話し合われた会話を読み返してくれるのを聞きたがった。そしてこれらの話し合いは、子どもたちの新たな興味・関心に火をつけた。

本章のまとめ

　この章では、皆さんは、子どもたちの諸々の経験や様々な発見を記録する重要性や意味が、実は子どもたちにとっても教師たちにとっても学びのプロセスの一部なのだということを理解されたでしょう。その記録の過程は、子どもの発見の過程と同時並行に進むものなのである。

（キャシー・W・トッパル）

第3章

様々な結合

ヘーイ、これは僕のブラウンだよ！このブラウンは、僕にお似合いなんだ。

　材料との出会いは、子どもたちに様々なアイデアやひらめきの連想を与えてくれる。この様々なアイデアは、子どもたちが一日中動き回り、学校から帰宅し、様々な他の場所を訪問し、あるいは家に帰る時、発展し続ける。ある日、あるプロジェクトのための材料やアイデアを集めて、そしてそれら材料やアイデアについて一晩中考えることに時間をかけてみるようにガイドすることによって、子どもたちには予想の意識が育ち、プランの変更や新しいアイデアへの転換が可能となる。この同じプロセスは教師にとっても当てはまる。子どもたちと教師たちが園に帰ってきた時、子どもたちや教師たちにとってこれらの新しいアイデアを活

用して活動し、またお互い同士で考えや興奮を共有する可能性が存在するはずである。

「僕は、大きな目をした人形を作ろうと思う。この子の目は、ぐっと突き出ている。これらは耳。一番上にあるのは、口。ほら、僕は僕の人形を持っているよ。」

ロジャーは、自分が作った人形を自慢げに見せる。

リスクを背負う

　教師たちは、人形がパワフルな学習を幼児たちに引き起こす潜在能力を持っていることを知っている。私たちは、子どもたちにアトリエにある様々な材料を使って人形を作ることを提案する。子ど

もたちに手掛かりとなるモデルを与えるのではなく、偶然を使うことを決める。私たちは「方法」を示さないだろう。代わりにこう尋ねる。「ここにある材料を使って、どんな風に人形を作れる？」と。そして私たちは、子どもたちに、私たちが探求してきた様々な材料について、しばらく考えてみるよう促す。

　子どもたちは、様々なアイデアを共有する。私たちは、抑制して、子どもたちに指示を与えないようにする（このことは、私たちにとって難しいことだった）。その代わりに、以前に発見した私たちの発見物にみられたような諸々の材料を配った。私たちは、子どもたちに自分の人形を作るのに使いたくなるようなもの（オブジェ）を八つ選び出してみて、そしてそれらを配置してみてと言う。私たちは、テーブルの上には小さな材料の入った箱を、そして部屋の後ろには厚紙や、トイレットペーパーの芯やマットボードのかけらの入った大きな箱を置く。

　それらは出発点のアイデアであり、私たちは子どもたちに人形のこのアイデアについて時間をとって考えてもらいたい。私たちは、子どもたちに、部屋を歩いて回って、他の友だちの配置を見せてもらおうと促す。糊を配る代わりに、子どもたちにはそれぞれの名前のつけてあ

る小さな箱を配り、その中に各自が集めたいろいろな材料を入れて、次の日にはそれら材料を使って仕事ができるようにする。このことも私たちに、次の日に何をするか考え出す時間を与えてくれた。

子どもたちのアイデアと製作をサポートする

右上：シャワーノズルはどこ？私はホースを取り外そうとしているの。簡単だわ。ノズルに目を付けているところ。

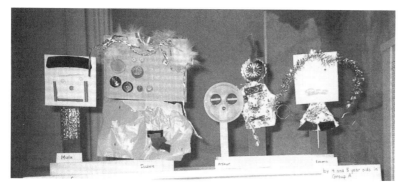

左：ジェミーは、家から持ってきたシャワーノズルを思い出した。子どもたちは、並んで作業しながら、自分たちのクラスメートの発見に喜びを見出し、思ってもみなかったような形で、お互い同士を知るようになるのだった。

　　子どもたちは、自ら様々なもの（オブジェ）をよく見、集め、分類し、配置する時、それらのものによく親しむようになる。子どもたちは、どのようにして人形を作るかといったような問題に出会った時、自分たちが見、手で触れ、結びつける様々な材料がどんな特徴を持っているか思い出す。新しい作業のアプローチを支えるために、私たちは観察し、子どもたちが何と言うか注意深く記録する。先生たちは、一度に二人の子どもたちの

製作をサポートするために、グルーガンを使おうと思いついた。子どもたちが彼らの人形とアイデアを再度配置する時、私たちの一人の先生はもの（オブジェ）をくっ付ける。

子どもと操り人形

　グレーシーは、まばゆい宝物の入った箱を見回して大きな喜びを味わう。彼女は、ひとえに自分を魅了する様々な材料の入ったこの箱から、もっともっとリボ

「まばゆい」ものが入っているこの箱は、子どもの想像力に火をつける。

グレーシーはまだ仕上げていなかった。彼女はどのようにして自分の立体作品を活気づけるかについて考え続けている。

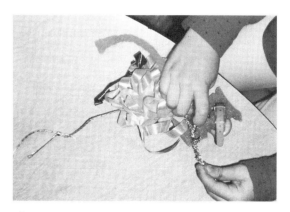

グレーシーは、彼女のいろいろな宝物を様々な形で結びつけはじめる。先生たちは、彼女の結びつけ取りつけのスキルを見つめる。

ンや、きらきら光るものや、糸を集める。グレーシーは、何をしようとしているのだろうか？彼女は、何を考えているんだろうか？彼女は何か計画を持っていたのだろうか？それとも単に触って調べているのだろうか？

グレーシーがリボンの塊にオレンジの編み糸を結びつける時言う。「これらは脚」と。彼女は、踊る王女を作るユニークな、自分なりの作り方を考え出した。

顔の研究

　たくさんの描画や走り書きの体験をした後、就学前の子どもたちは、表現に興味を持つようになる。子どもたちは、円の形を顔に変え、人間の最初のイメージに変えていく。

　この自然な成長を利用するために、先生は、子どもたちがより一層顔の探求をしたくなるのではと感じられるような、諸々の材料にあふれた状況を作り上げる。彼女は、たくさんの興味深いもの（オブジェ）や、たくさんのもののペアーをコンテナの中に置く。子どもたちが周りに集まってきた時、先生は子どもたちに尋ねてみる。箱の中からもの（オブジェ）を取り出してきて、自分にはこんな風に見える、というように配置して

先生と子どもは、一緒になって、顔とその特徴を探求する。

みない、と。

「二つの黒い目。私には頬が見えるわ。私には耳が見える。」

　イザベルとミリアムが手にした材料をきちんと配置していると、先生は彼らの会話を記録した。

　イザベル「ハーイ、これ見て。…これは外にあったものよ。…これははしごみたい。」

　ミリアム「二つずつあるわ。いい感じでしょう。だから向こうに置くの。これはいい感じになっていないわ。それでね、真ん中に置くの。」

　イザベル「黒い目が二つ。私には頬が見えるわ。私には耳が見える。」

　ミリアム「私はポニーテールが…、口

鏡は子どもたちに、自分の顔を描きたくさせる。

様々な材料
は、探求に
とってスプ
リング・ボー
ドの役割を
はたす。

が、まゆ毛が見えるわ。ここにおでこが
あるの。」

　子どもたちの様々な観察から、その先
生は理解する。子どもたちが良い感じに
調和するもの（オブジェ）のペアーを見
つける時、子どもたちはそれらを目と見
なすことが多いということを。先生は、
こんな顔の形にしようと思った考えに
戻っていけると考える状況をセットアッ
プした。リサイクル品のもの（オブ
ジェ）は、ひとえに子どもたちがユニー
クな表情を作るように導いてくれる。

いろいろなものを使って顔の表情を作る

　その体験を準備しながら、先生たちは
たくさんのことを考える。

先生はミリアムとイザベルに、様々なもの（オ
ブジェ）を選び、配置する前に鏡を使って、
自分の顔を見て参考にしてみたらと促す。そ
して彼女たちの探求を拡げさせる。

「子どもたちは、それを表現しようと取り組んでいる顔の形に助言が必要なのかしら、それとも子どもたちに長方形を与えてあげるのが良いのかしら？もし私たちが、子どもたちに楕円形をあげたら、それはどんな大きさにすべきかしら、それともどんな色が適切かしら？」私たちは、子どもたちにバラエティーのある色彩の大きな楕円形の紙を選ばせた。しかし、他の可能性もあって、私たちはそれらを別の時に試すことを期待している。

ミリアムは小さな顔を作る。

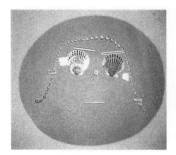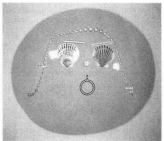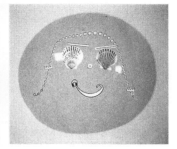

上図3点：a：ミリアムは言う。「これでパーフェクトな鼻ができるわ。このネックレスは髪の毛。」／上中：b：先生は、表情を少し変えてみたら、とミリアムに言った。そうしたら、何か起こるかわかるよ。／上右：c：彼女はくすくす笑って、口の表情を表すために他のもの（オブジェ）を探そうとする。

先生はミリアムに聞く。あなたは、その下に楕円形のものを入れないで新しい顔を作れる？、と。ミリアムは、体、腕、足を付け加えて言う。ボールみたいになってきたわ、と。

ミリアムは、何か他に付け加えるものが要るわと決心して、そして他の材料を探すためにアトリエに行く。

同じ時にイザベルは、顔を作るのにどのもの（オブジェ）を使おうかと考えていた。彼女は黄色のプラスチックのファスナーを見つけて言う。「唇が、ガタガタ震えている唇が必要だわ」、と。私たちは、そのもの（オブジェ）の形がイザベルにとって詩的な、形容詞的なものになっていることを観察する。

キャラクターをコラージュする

　顔を探求し、作っている時に、先生と子どもたち両方が示した興味を思い出しながら、幼稚園の先生たちは探求のプロセスをより一層徹底した研究のための跳躍台として使おうと決める。先生たちは、様々なもの（オブジェ）自体を実験する。それは、子どもたちにとってどんなもの（オブジェ）を与えるかを深く省察するためだった。先生たちは、子どもたちがもの（オブジェ）の入った容器をいろいろと調べるのが好きなことを覚えている。そしてまた、それは時間がかかると記している。ある一つのもの（オブジェ）が他のものを表し、あるいは他のもの（オブジェ）に転移していくという考えを理解し、製作の中で対処するためには、時間と集中が必要である。子どもたちがいろいろな部分や表

全く異なった二つの配置をつくることは、子どもたちにとっては、自分たちが、ほとんどの顔のパーツを少し動かすだけで顔の特徴や表情を変えることができるということを発見するもう一つの方法である。

情について探求できるように、先生たちは手鏡を手近に置いておくことにする。

　糊付けが簡単にできる、片面が平らな所のある小さな、そして軽い部材の入ったコラージュ・ボックスがテーブルの上に置かれている。それら様々な材料の示唆的な特性は、子どもたちにユニークな観察に基づいた表現を可能にしてくれた。ドゥークは、次のように説明する。「僕は唇を表すために毛皮を付けたよ。というのはねぇ、唇を触ってみると、柔らくて、毛皮みたいだからだよ」と。

新たな発見

　目と鼻だけに専ら焦点化することから

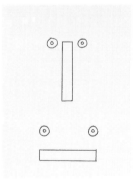

右：探求を拡げ、より一層興味を深めるために、先生たちは、子どもたちに糊を渡す前に、顔の表情の配置位置を変えてみる実験をしてみるように提案する。

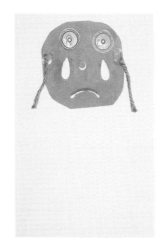

子どもたちが実験を終えた時、彼らは、様々なもの（オブジェ）を厚紙に貼り付ける。この厚紙は、子どもたちにとって、ベースとなると同時にその後の製作にとって空間を与えてくれる。それは、もっと、いろいろできるという期待を与えてくれる。

始めることによって、顔についてより一層深く考えることが拡がる。そして配置位置の実験が可能となる。どんなことができるのかを探る、子どもたちの探求を実現していくもう一つのアプローチは、子どもたちにどんな仕事ができるのか、話をすることに取り組ませることである。

　この時までに、顔には表情が現れ、パーソナリティーが現れてきていたように思われる。そのキャラクターは、乾き、体や服が付けられるだけになっている。彼女はどんな人になるところ？一人一人の子どもの作品を取り上げて、何を付け加える？と聞いてみると、それは次のよ

うな機会となった。即ち、新しい構想イメージから何をしたかを理解し、次に何

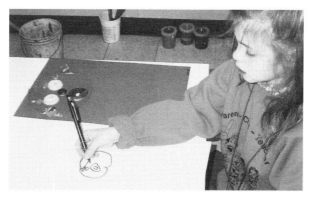

もの（オブジェ）を分類し、手で触れ、配置し、もの（オブジェ）を貼り付けた後に、子どもたちは一つの表現言語を、もう一つの描写言語に更に転換できるようになる。

をするかについて考えてみる機会に。ある一つのプロジェクトの一部と次の一部の間にある間のおかげで、いろいろな考えが現れてくるようになる。

胴体と服を付ける

　他にどんなものを人形に付け加えたいの？何か足りないものはあるの？どんな材料を必要としているの？

　何人かの子どもたちは、各自の作った顔に胴体を付けさせようとする。私たちは、加工用紙とスクラップボックスを集め、それ以外の掘り出し物の材料をアトリエに探す。先生は、子どもたちが自分の考えを発展させ、純化させることができるようになるように糊を渡すタイミン

子どもたちが自分自身のキャラクターの体を完成させるため、いろいろな材料を集める時、さまざまな包装紙の紙片が取り出され、試される。

グを待つ。子どもたちは、裁断し、服や付属品を配置する時、多くのスキルを活用する。そしてたくさんの決断を行う。多くの場合、最初の考え方は、それ自身が子どもの仕事でもある新しい考え方によって修正される。

　「私のには首とお腹があるわ。私のは格子じまのシャツを着ていて、腕は変だわ。」
　「これは似合っている？私は肩を作るために、上の所を丸く切るの。私のはタイツをはいている。」

ある子は、自分のコラージュする人物の服を裁断し、配置する。

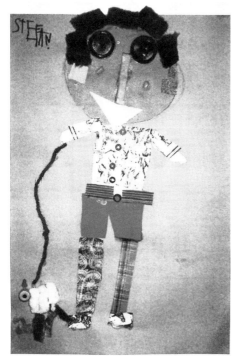

全てのパーツが集められると、今度は糊づけの始まりとなる。大きい紙片をどのように糊づけするかは、幼児にとっては難題である。それは現実の問題でもある。実際の問題が現れた時、糊づけのスキルを紹介し、そのスキルについて話し合うことは、賢明である。

この探求をし拡張する一つの方法は、子どもたちに、立ってキャラクターから距離をとり、それらを眺めさせること。それ以外に方法はないのでは？

「私はオズの魔法使いのドローシーを作っているの。」

「これは私には、滑稽に見えるわ。私はその代わりに、それをここに置こう。」

「私は、何本か脚が要るわ。——私は脚を作るために、何を使おうかしら。——多分こうだわ。ところで、ハサミはどこに行ったかしら？」

「これら二つのものは、腕で、これらは脚で、これらはシャツ。私は、この靴が一番好きだわ。なぜって、カラフルだから。」

「私は耳の所を切ったわ。なぜって、私は正しい形を見つけ出せなかったから。私はそれらを切り出したわ。私はボタンについて考えているの。それらのボタンの一つは、本当に小さいの。でもシャツに合った正しいパターンは見つけ出せないわ。」

描画する、そして それは記憶される

組み立てる行為は、子どもたちに、

子どもたちがコラージュによるキャラクターを
完成させた後で、私たちは、子どもたちにそれ
らを描画してみてねと言う。

右：自分の作ったコラー
ジュのキャラクターを描写
するのに困難性を抱えてい
る子どもたちをサポートす
る一つの方法は、子どもた
ちが、自分の創作したキャ
ラクターの様々なパーツを
作ったらどう、と示唆する
ことである。

フォルムを視覚的に理解させ、同時に触
覚的に理解させてくれる。いったん、子
どもたちがあるテクスチャーを作り上げ
ると、彼らはそれを描画しようと心地よ
く挑戦していくように思われる。この体
験は、子どもたちにとって力強い体験と
なる。それは、子どもたちが自分たちの
持っている潜在的可能性と能力を実現

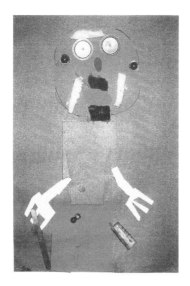
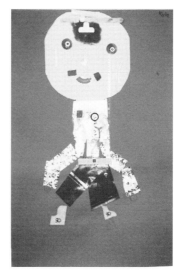

これらの子どもたちは、自分の創ったコラージュ描画を下絵として使い、描画し始めた。彼らは、今一度自分たちの創ったキャラクターに立ち戻り、手を加えた時、色彩を用いた彩画の自由な表現言語に移っていく。

し、意識できるようになることを援助する、素晴らしい方法となる。描画することに不承不承な子どもたちであっても、彼らは新たに発見されたスキルを誇らしく思う。

探求を拡げる

　子どもたちの相互の会話を聞いていると、複合的なパーソナリティーが生まれていることが明らかとなる。先生は、子どもたちが自分たちのキャラクターについての物語りを相互に語り合うのを聞く時、子どもたちにそれらの物語りを描きたいかどうか聞く。

この子どもは、ブラシで描いたキャラクターに色彩を加えて表現した。

「私のピエロは手品をするのが好きで、その名はシィリー・ガイ（おばかちゃんの男の子）という。」

私たちが学んだもの

MY CLAON IIKESTO TUGL
ANd hiS NAiM IS SiLY
GIe

危険を冒すことについて

　人形を作る「やり方・手順」を離れることは、大きなリスクに感じられた。しかし前もって何かを付ける時はすぐに付けたり、糊づけしたりしないということを決めていたので、そのことは私たち全てをリラックスさせてくれ、更にはまた私たちが子どもたちの様々な探求と発見を楽しめるようにしてくれた。子どもたちが様々な材料をそれぞれてんでにいかに選んだか、更には子どもたちがそれらをいかにしていたかを見ることは興味深いことだった。それらは時々、私たちには全然人形のようには見えなかったが、子どもたちが喜んで製作していることを見られたので、私たちは子どもたちのプランを学び、評価するようになった。

問題解決について

　子どもたちの選択を箱の中に入れることによって、私たちは、どのように進めるかを考え出す時間を手に入れることができた。私たちは次のことを観察した。即ち、多くの子どもたちが諸々のもの（オブジェ）を貼り付ける下地がないこと、を。それ故に、私たちは、厚紙のスクラップや、いろいろな下地にとって有用であろうと思われたフラットなもの（オブジェ）を集めた。ほとんどの場合、子どもたちは、彼ら自身のユニーク

な解決策を考え出した。

考察について

　人形づくりやコラージュに取り組むことによって、私たちは様々な経験をより一層細やかなパーツに分解し、実験と考察のための時間を可能にすることを学んだ。人形やコラージュを付け足したり、あるいは形作ることへ戻る前に、私たちはよりよく形作られていく子どもたちの作品を見、子どもたちのアイデアに耳を傾けること、その両方に時間を費やした。更にまた、私たちは私たちのノートに記録した様々な記述のいくつかを読んだ。この時間は、新しいパースペクティブからなされる進行中の仕事を再検討することに、更には子どもたちと一緒に様々な観察を行い、様々なアイデアを分かち合うことに使われたが、この時間は子どもたちの興味や探求が形作られていく上で助けとなった。

本章のまとめ

　私たちは、子どもたちに興味深い諸々の材料を提供できる可能性をより一層追求していきたい、と感じた。そして次のように考えている。即ち、私たちは適切な時間に様々な適切な材料を与えることによって、子どもたちに大切なギフトを与えることができると信じている。そしてそのことは、子どもたちの作業の水準を高め、子どもたちの諸々の努力を高めてくれる。このことのために、私たちは、子どもたちのお話を聞くことによって、子どもたちの気持ちに精通していなければならないと考える。

（キャシー・W・トッパル）

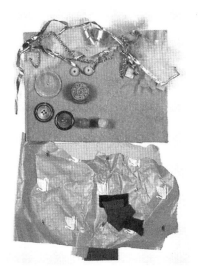

まさに人形

第4章

木の端材を使って組み立てる

年齢が進むと、様々な興味・関心や、探求に新しい領域が生まれてくる。その際、木の端材という一つの贈りものが、創造することに向かう新しい関心に火をつける。先生たちは、アトリエでは子どもたちがどれ程創造することを楽しむことができるか知っているので、子どもた ちが自分自身の三次元の構築物を作ることができるように木の端材を集めることを決めた。注意を向けること、集めること、分類することと、探求するこのプロセスは、再度遊びの中へ呼び戻される。それは、螺旋（らせん）形のように感じられる。子どもたちは、以前自分たちが

活用したスキルや材料に呼び戻される。そして子どもたちは、それらの様々なスキルを新しい、そしてより一層複合的な状況の中でどんなふうに活用できるのかしらと想像することになる。

いろいろな事物をどのようにくっつけ、配置するかといったような、よく知られた課題は、子どもたちには同様な、しかしより一層挑戦的な形に映る。それぞれの問題が、新しい探求のゾーンにとってある一つの機会となる。それらの諸課題のどれもが、子どもたちに可能な諸解決を理解し、解決可能な対応を試みることを促す。それら諸課題のどれもが、先生たちに、子どもたちが問題解決の時間と空間を持てるように援助するよう求めることとなる。

右上：二人の子どもが、木の端材を分類している。みんなの彫刻プロジェクトの準備をする為に。
右下：面白い形をした端材は、宝となり、子どもたちの探求の対象となる。

木の端材を集める

木の端材を用いた私たちの活動が実施される数か月前に、私たちは子どもたちの親たちにある覚書きを送る。そしてその覚書で、これから私たちは木を用いたプロジェクトを船出させます、ということを伝えようとする。そして私たちは、親たちに木の端材を探してくれるようにとお願いする。私たちは、大工であると私たちが知っている人、木のスクラップ端材として使える資材がどこにあるかを知っている人々に対して誰にでも話しかける。

木の端材の入った箱が教室に持ち込まれ、先生たちはとげが刺さるかもしれない木の破片を投げ捨て、ひどくザラザラしたものを紙やすりで磨く。私たちは様々な端材を大、中、小の箱に分類し、これは良いベースになると思われるような諸々の部材を取り出す。このことは、私たちが何を手に入れたかを教えてくれるだけでなく、私たちが何を必要としているかを教えてくれる。子どもたちや親たちは、家から様々な端材を持ってきてくれ、そのことによってこの課題を引き継ぐ。

とりわけ私たちは、興味深い形をした、あまり粗いものではない、小さな木の端材を集めるように試みる。更にまた、つまようじ、木のアイススティッ

木は様々なカテゴリーに分類される。諸々の類似した形が一緒になると、それらの微妙な差異は、注目すべきものとなる。そしてひし形のもの、三角形のもの、台形のもの、あるいは大きな円形のものと小さな円形のもの、更にはまた四角形のものや長方形のものが、ちょうど木の端材が分離された時現れてくる。

ク、糸巻き、コルク、木の削りくず等々といったような、木製の小さなものを探す。これらの木製品のもの（オブジェ）を集めたり、それらのものを取り扱う努力をする時間を過ごした後に、私たちは創り上げる経験を拡張したり、深めたりするアプローチを発展させようと試みる。

注視することと分類すること

分類することには、木の有するたくさ

んの特性や性質に目を向けることが含まれる。それは、何が利用できるかを知ろうとする一つのアプローチである。様々な木の端材を分類することは、実際の組み立てに先行する活動である。子どもたちは、形、サイズ、手触り、そして色彩を手掛かりとした時、どのような分類が成り立つものか、その分類の区分けを考える。

「それはそこに入るに違いない。というのはね、それは真っすぐだから。」
「僕は長いのを分類している。」
「それらは。ぎざぎざに見える。」

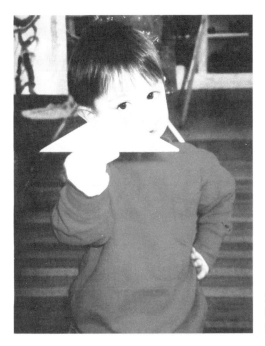

幼児が殴り書き（スクリブル）をしたり形を作ることによって、自分たちの住んでいる世界の中に何らかのシンボルをつくることができると考える時には、そこに分析的思考が始まりかけているのである。ある一つのフォルムを様々な部分に分解することができるということは、分析的思考の始まり（基礎）である。それはショーンが自分で発見した一片の木の端材に名前を付ける時に、しているこ

右上：いろいろな種類の火山

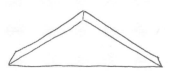

右中：これは滑り台に見える

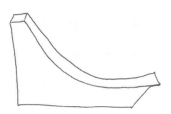

右下：ゴミ回収車の後部

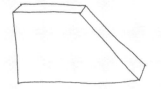

左図：分類している間、ショーンはいろいろな形を観察し、それらに名前を付ける。彼は、手に持った木片に名前を付け、研究し始める。

と。先生は、何が起こってきたかをイメージしながら、手をクリップ・ボードに伸ばして、スケッチを描き、ショーンの口述を記録する。

サンドペーパーをかけ、フォルムを探求する

　子どもたちと先生たちは、時間をかけて木の端材を試してみて、それらのフォルムを感じ取り、ざらざらした表面を研磨し、サイズや形によって分類する。研磨は、木の独自の特性を探求する方法である。それは、子どもたちにとって、材料を活用する準備をするのに必要な歩みを始める為の正しい評価を持ち始める方法。

　私たちは、いろいろな種類の興味深い木の形を選び出し、探求する。朝、子どもたちが登園すると、彼らは材料の所へ導かれる。親たちも、また自分たちが集めるのを手伝ったいろいろな材料を使って子どもたちが何をしようとしているかを見ることに興味を持っている。

　子どもたちが研磨する時、彼らは創造をする実践を行うように勇気づけられる。このようにして、子どもたちは、様々な形を、諸々の形の三次元的特質を、更にはまたある一つの形が創造に対して持つかもしれないポテンシャルを知るようになる。

イザベラとサラは、長い時間をかけて研磨する。イザベラは言う。「ここにざらざらした所があるわ。研磨ブロックはどこにあるの？サラが答えて言う。「見て、私のから何かが落ちているわ。私はブラシで木くずを落とすわ。どのようにして木くずが私についたのかしら。…私のはつるつるしている。それがとてもつるつるしてきた時、どうなったか見て。ざらざらしたのは何処にもないわ。私はこれを研磨したかしら？」

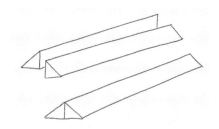

サラは、自分が今ちょうど研磨し終わった形に似ている形態を見る。彼女は、二つの部材をくっ付けて言う。「見て、彼らは友達だわ。一方はなめらかで、他方はざらざら。でも、両方とも同じに見えるわ。」

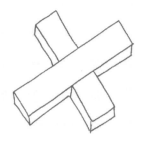

サラは組み立てる実験をする。「見て、これらは
こんな風にフィットしているわ。パズルみたい
に。見て、私最初はくっ付けて一緒にしたの。私、
飛行機を作ったわ。」

実験的な組み立て

　何らかの作品を作ることが義務づけら
れていない、実験的な組み立てのため
に、時間を費やすと、そのことによっ
て、子どもたちには様々な形や自分たち
の創造への潜在的な力を知るチャンスが
与えられる。更にまたそれは、子どもた
ちに自分たちの様々なアイデアを絞り出
すチャンスを与えてくれる。現れるテー
マは、驚くべきものだ。

　今回行われた相互作用や相互対話を振
り返ってみることにより、ある先生は、
子どもたちに彼らの対話を大きな声で読
んであげて、自分たちの初めの頃の経験
について再検討させることが可能とな
る。更にこの教師は、子どもたちの対話
を活用して、次の日の様々な質問を準備
することが可能となる。

研磨と組み立ての活動をする準備をする為
に、先生たちはサンドペーパーを購入し、サ
ンドペーパーを止め金具で木のブロックに固
定した。そしてこのブロックは、子どもたち
の手にちょうど良くフィットするだろう。

他の子どもたちはこの探求に参加し、サンド
ペーパーによって動機づけられ続ける。キャ
シーは、気が付く。「サンドペーパーが軽く
なったわ。サンドペーパーから、砂が取れた
ので、軽くなったの。」すると他の子が言った。
「これはすごくざらざらしている。私のお父
さんが朝起きる時は、髭をそっている」と。

デービットは、次のようなある考えを形作っていく。「僕はお城を作ろうとしているんだ。だけどどんなふうに作るのかはわからない。」（それは崩れた。）

「これはお城で、これは橋のようなもの。それは橋のてっぺん、ここには滝があるんだ。」

　ハンナ「それは、小さな家みたい。くっつけましょう。」
　クリスティ「イェーイ、やろうよ。」
　ハンナ「それは橋になるわ。」
　クリスティ「これはタワーになってきたよ。見て。これ、なんて小さいの。これは壊れた木。」

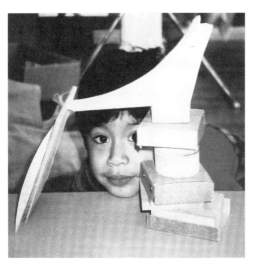

「僕は、違った種類のお城をどのように作るのかを考えていた。」（それは再び崩れた。）

ハンナとクリスティはコラボレーションすることに決めた。実験することが自由なので、創造的な解決へ、そして多くの場合協同的な解決へ導かれた。

ハンナ「これ見て、ここの。ここにドックがあるの。」

クリスティ「これは長い木の…となりうるわ。ウー、オー、これは合わないわ。これは長すぎる。」

ハンナ「それはどこに置いたら良いか知っているわ。ちょうどここ。違う、ちょうどここ。」

クリスティ「これは橋の花嫁さんとなりうるわ。この花嫁さんとボーイフレンドは結婚しようとしているところ。」

ハンナ「私はこの端材が好きだわ。というのは、細いから。私も細いわ。」

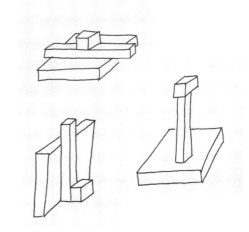

私たちは、子どもたちに大きな木の端材を選んで下さいと言う。皆さんが、自分の考えている組み立てにとって、これなら土台ができるわ、と考えられるのはどれかしら、と。

三次元で考えてみる

木の端材を用いた組み立てプロジェクトは、子どもたちが三次元の空間を理解し、三次元の空間を用いて製作することへの導入となりうる。二、三の大きな木の端材から作業を始めることによって、子どもたちの視点は焦点化されるので、彼らは三次元的な可能性の探求の幅を拡張させるようになる。「私はそれらの木の端材を、子どもにとって組み立てを研究することによって、更にはいろいろな視点から見て、興味深いものになるようにいかに配置することができるのだろうか？」先生は、子どもたちに質問をし、子どもたちに様々な配置をするように導くことによって、子どもたちの興味・関

子どもたちは、木の端材の配置の仕方を、少なくとも三つ作り上げる。私たちは、子どもたちに一度作品を回してごらんと言い、更に次のように尋ねる。「作品は丈夫ですか。見ていい感じですか」と。子どもたちが満足すると、子どもたちは接着剤を使い始める前に先生と一緒にチェックする。

心を焦点化させる。先生は、配置の向き
を変える。すると子どもたちはそれを
様々な角度から見ることが可能となる。
一つ以上の解決アプローチに挑戦してみ
て、様々な可能性を探求すると、それは
多様な視点に対するフレクシビリティと
開かれた視点を育てる一つの方法であ
る。一つ以上の視点から何かを見ること
は、生涯にわたるスキルとなっていく。

一人の先生が、小グループの子どもたちと一緒に作業す
る。子どもたちは各自の土台を接着し始めている。

土台を接着させる

　どれくらいの量の接着剤を使うべき
か、どの位の表面を覆うべきか、そして
どの表面に接着剤を塗る必要があるか、
これらこそ考えることの全てであり、組
み立てるプロセスの全てである。この段
階こそ子どもたちが通常、大人からのサ
ポートを最も必要とする局面である。

上：最初のパーツを接着させることは、そ
れほど単純なことではない。ここで、先生
たちは、重大モメントの手助けを行う。後に、
組み立てをどのように始めたのかと聞かれ
た時、ニッキーは次のように語った。「僕は
土台の平らな所に板を一枚置いたんだ。そ
して、他の板を一枚、その横に置いた。そ
して、それを交叉してつないだ。最初僕は
小さな木片を高い端材の上に置いたんだ」
と。この経験の非常に素晴らしい点の一つ
は、ニッキーが組み立てをしている間中、
彼はその組み立てを考えながら作業してい
たこと、そしてまた自分の考えるプロセス
をはっきりと言うことができたことである。

　接着剤付けを準備する中で、私たちは
より一層大きな木の端材から始める。混
乱を避けるために、私たちはより一層小
さい木の端材は片づけ、覆いをし後々の

使用の為に保管しておくことにした。子どもたちに、休憩場所を用意することによって——例えば、五つのパーツを使った後に——、事故の発生を除く助け舟となる。一晩乾かした後には、最初の組み立てはより一層丈夫となり、付け足しやすいものとなる。

子どもたちが接着剤のビンを扱いながら苦労していることを見ていた時、ある親は教室に筆と入れ物を持ってきてくれた。多くの子どもたちが、これらの道具を喜んで使っている。

子どもたちへのアドバイス

子どもたちのグループとの経験を省察していて、ある先生は子どもたちに質問する。「接着の作業を始める前に、他のクラスの子どもたちにしてあげなくてはと考えるアドバイスにはどんなものがありますか」と。先生の協力をヒントに、子どもたちは、次のような接着作業スペースむけの提示を行った。

- 「筆はそっと使いましょう。」
- 「底のところに接着剤をつけて、後で上端の方で。」
- 「接着剤を上から下に付けましょう。そして横から横へ。」
- 「お友達に手伝ってもらって、木の端材を一緒に持っておきましょう。そして、数を10数えましょう。」
- 「接着剤を適切な場所に置きましょう。」
- 「接着剤を2か所に付けましょう。」
- 「接着剤を見て。」
- 「決してそれ（接着剤のビン）を空中に持ち上げないで。」
- 「底の方に小さな端材を付けてもうまくいきません。」

上左：接着剤付けの初日は、まぎれもなく最も難しい日。それは親が手伝ってあげるにはぴったりの日。アレックスは、2、3のざらざらした場所を見つけ、サンドペーパーのついたブロックを手にして、それらの場所を磨き上げた。

上右：ニコラスが更に補足的な部材を付け足した時、彼はターンテーブルのおかげで彼の構築物を回転させることができる。それはより一層三次元的な仕事を鼓舞すると同時に、より一層三次元的思考を鼓舞してくれた。

三次元的思考を拡張する

仕事を再開する前に、一晩中乾燥させておくことによって、構築物が強固にされる。そのことはまた、子どもたちが自分たちの作品を振り返ることを可能にしてくれる。そしてその作品について一晩中深く考えることを可能にしてくれるのであり、更には新しい感動とアイデアで応じることを可能にしてくれる。子ども

たちは、自分たちの作品が一度乾くとより一層丈夫となり、強固となることを発見して喜ぶ。そしてそれらの作品を何度も取り上げ、何度もひっくり返す。更には前の日の作業で行ったわと思い出したものを今一度観察する。

いったん最初の構築物が強固になると、いろいろ補足的なパーツを付け加えるのは楽となる。接着剤を付ける前に、

マックスは自分の構築物の上に一つの
パーツを置こうと試みている。

マックスは、自分の立体作品を回転させ、この
視点から自分の創り上げたものを見るといかに異
なって見えるか気が付き、喜んだ。マックスは、
以前には見たことのなかったような作品の一部を
目にすることとなった。マックスが自分の創った立
体作品を見た時、それを新たなものとして発見し
た。このプロセスは、人が新聞や書物を再読した
時の事象と似ている。人がそれを改めて読むたび
に、我々はそれについて少し異なった思いを持つ。

子どもたちにそれぞれのパーツを別々の
場所に貼り付けるように試みるよう促そ
う。そしてまた、子どもたちに、自分た
ちの構築物を時々、向きを変えてみた
ら、と励まそう。子どもたちがそれら構
築物を、様々な観点から見ることができ
るように。

その次に、マックスは構築物の底辺部付
近に、高さの低いパーツを置こうとする。

空間について考える

　空間、ないしは虚の形（空洞のある形）はどんな組み立てにおいても重要である。どのように空間を創造し組み立てを見通すかということは、多くの場合課題となる。普通、クラスの中に一人か二人の子どもが何らかの「吹き抜け（シースルー）」の空間、おそらく橋やドアや家などを作ろうとすることがある。彼らは、自分自身の創造ストラテジーを共有することができる。吹き抜けの空間を作ることは、創造のプロセスをより複合的に、より興味深くする方法である。

僕はこのパーツを接着した。だけど、それは落ちて、三角形になった。

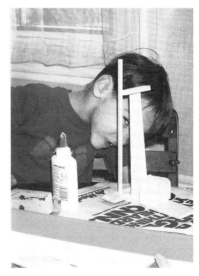

デービッドは組み立てに戻り、その次の日に、もっと多くのパーツを加えた。その組み立てがより一層高くなった時、一人の先生が聞くかもしれない。あなたは横に広げないの、と。

　橋、または開口部をどのように作るかという問題の解決策を論議することは、子どもたちのグループにとって、彼らのアイデアや選択肢を拡張する助けとなる。しばしば、材料の特性が問題解決を促進させてくれることになりうる。木の小さなパーツを、とりわけ同じ長さのパーツを活用することは、この点で助けとなる。この点で様々なコルクのコレクションは、便利である。

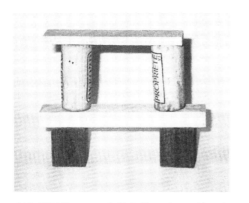

高さが同じ二つの木片を見つけて、他のもので屋根を付けることが、戸口、ないしは開口部を作る一つの方法となる。

ミリアムは、家を組み立てる時、長方形の虚の枠からのぞく。

組み立てと物語りはより一層複雑になる

「これは旧式飛行機。後ろにデコレーションが付いているんだ。…これは宇宙探査機。そしてそれは、夜、探検するんだ。」

子どもたちはしばしば、作業をしなが

ら自分たちの組み立てたもの（構築物）に名前を付け、それらについての物語りを話す。木の端材スクラップはアイデアに燃料補給を行ってくれる。またある時には、あるアイデアが、子どもに特別な形の、あるいは特別な大きさの木を探すよう駆り立ててくれることがある。

クリップボードは、消えてしまう前に、子どもたちの考えを記録することを容易にしてくれる。子どもたちの構築物の横に、彼らの言葉を展示することによって、大人は、子どもたちがどのように考えているかを理解できるようになる。

「これは僕の動物のための家。だから僕はいろいろな視点から実験しているんだ。」

「僕はデザインを作りたかったんだ。この棒は小さな橋。というのは、これは昆虫のための家。これは昆虫のための橋。」

「なぜ私がこれをしたかったか分かるでしょう。というのは、それは私にボートのことについて考えさせてくれたから。

「何が私にこのアイデアをくれたのでしょう。私は長いもの、そして丸いものが好きなの。これはビルディングみたい。」

ジュリアナは、先生が彼女の組み立てをスケッチする時、喜んで見ている。先生は、この物語りをジュリアナの両親と共有する計画を立てている。スケッチは、彼女が記憶を思い出すのに助けとなるだろう。

ジュリアナは次のように説明した。「私はこれはドックの上のヘリコプターだと考えていたの。ドックには、水の中を走っているボートがいたの。これはヘリコプターのもう一つのパーツ。それはヘリコプターがするみたいに、回転しているの。その半分は、雲の後ろにあるの。…私はアーティストなの。だから、弟が眠ってしまっても、一日中作業をするの。」

ジュリアナが完成させた立体作品の、ジュリアナ自身によるスケッチ。

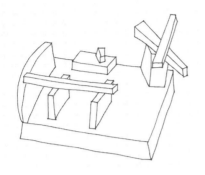

ジュリアナの立体作品を描いた先生のスケッチ。

プロジェクトを更新する

　子どもたちは、様々な材料に自分たちの思い出を吹き込んでどのように自分たちの、あるいは友達たちの表現を行うか考える。そうすることによって、子どもたちは様々な材料を新しい形で見はじめる。小さな木片は、子どもたちを、諸々のパーツを活用して自分たちの組み立てを作り上げることへと導いてくれる。

　子どもたちが最初の一歩を完成させ、次の一歩の準備ができた時、違った諸々の形を取り出すことによって、新しい誘発物となる。中くらいの形と小さい形が違った日に取り出されるかもしれない。それらのものは、どちらも、立体作品をより一層興味深く、より一層丈夫にすることに使われるようになる。

　舌圧子（舌の押え棒）、アイスス

子どもたちはいろいろな材料を新しい視点で見はじめる。その時子どもたちは、それらの材料を、自分たちの、あるいは友達たちの組み立てにいかに活用するかについて考えるものと思われる。小さな木のオブジェは、子どもたちを励まし、自分たちの組み立てに様々なパーツを付け加える。

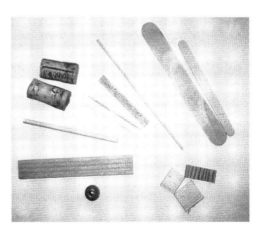

観察し始めてみると、たくさんの日常品が木でできていることに気が付くことでしょう。

ティック、綿棒は、多くの場合、先生た
ちが便利に使う材料。それらは補足的な
作業にとってのすばらしい動機でもあ
る。螺旋型の木の削りくず、木の皮、コ
ルクなどもまた、様々な日に活用しうる
材料である。他の可能性は、次に何を付
け加えたい？という形で、子どもたちに
プラン作成の一環として問うことであ
る。「もしあなたが、はしごや、タラッ
プや、プロペラといったようなものを作
りたかったら、どんな風につくり上げる
ことができるのかしら？」と。

私たちがショーンの直面した木との最初の出会
いを思い起こしてみるならば、それらはより一
層複雑な作業へ向かう段階であったことが分か
る。ショーンは、自分が製作途中に磨いた三角
形を続けて使う。

ショーンは、三回目の制作に取りかかった。

私たちは何を学んだか
プロセスについて

　木の端材を使って組み立てる普段の経
験を通して、私たちは諸々の三次元的思
考を学ぶ、様々な機会があることを発見
した。例えば、過去2、3年の間に、私
たちは教師として、サンドペーパーで、
形を磨いたりすることや、実験的な組み
立てによって喚起される、子どもの探求
の力強い諸領域に関心を向けてきた。子
どもたちの会話を記録することによっ
て、私たちの学びのこの大通りが開かれ
た。今や私たちは、これらのプロセス両

方を拡げ、注意を向ける。

学びについて

　実際、木の端材を用いた組み立ての全ての部分——均整の問題に取り組む作業、様々な観点、虚の空間、接着——は、先生にとっても子どもたちにとっても、深い学びの経験に導いてくれた。そして子どもの資源が拡がるにつれて、親たちの関心や愛情も広がっていった。先生たちも親たちも、そのように表面的にはシンプルな諸々の材料を活用した活動の中に育まれる複雑性についてより一層意識していった。

てサポートが許されるならば、子どもたちの経験がいかに豊かになり得るか、この点が示されている。

　　　　　　　　（キャシー・W・トッパル）

一人の祖母が教室を訪れてきて、子どもたちの説明を記録し、協力する。その過程の中で、彼女は孫や他の子どもたちが深く理解できるようになる。

本章のまとめ

　本章では、もし空間が、時間が、そし

第５章

諸々の活動を拡大することとその展示

子どもたちは、そのアイデアに非常に喜んだ。そして、自分たちの構築物を手に取り、自分たちの作業を継続する為に、アトリエに戻り、活動を始めた。

子どもたちは、木の構築物の上で、様々なすてきな材料を置くゲームを行う。

何人かの子どもたちが、棚の上に置いてあった自分たちの発見したもの（オブジェ）ボックスを見回し始めていた。そして木の構築物の上にそれらのもの（オブジェ）を並べ始める。突然、それらのものは、乗り物に、マジック・ボールに、人々に、光に、そして旗柱に変わった。先生たちは、それらの子どもたちに頼んだ。あなた方のアイデアを他の友達たちにもお話して下さらない、と。他の

新しい発見の道

子どもたちが様々な材料と配置についての思慮深い選択をするのを援助するために、私たちは、子どもたちが情熱的に

集中していく方法を探す。私たちは、子どもたちが一つの色彩の中にヴァルール（色彩の響き合い）や色相の違いを見分けるように援助しようと決心する。ものを色彩によって分類することは、私たちに新しい焦点を与え、子どもたちの最初の関心を育ててくれた。

「一色を選びなさい。そしてその色だけのもの（オブジェ）を集めなさい。同じ色であっても、そこにはたくさんのヴァリエーションがあることを観察しなさい。あなたが選んだ色彩が紫であったとするならば、いくつかの明るい紫のものといくつかの暗いものを探しなさい。多分あなたは、いくらかの輝いているスミレ色のものとか、いくらかの透明なスミレ色のものを発見するでしょう。」

私たちが子どもたちに、色彩を一色に制限するや否や、様々な可能性が花開いてくる。子どもたちはより鋭い、そして際立った観察者になる。——そして、教師もそのようになる。そして話し合いを通して、あるも

子どもと先生たちは、一緒になって見つけた様々なもの（オブジェ）を活用して、色のついたこの車輪を作り上げた。

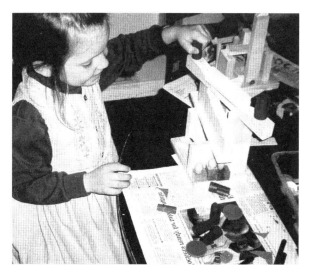

アーニヤは彼女のスミレ色のものを配置するために、様々なアプローチを試みた。私たちは、彼女のスミレ色のシャツを見て、多くの子どもたちが自分なりの強い色彩上の好みを持っているということについて話し合った。

のがその色彩の枠内にあるかどうかが焦点化される。

　子どもたちは、お互いに自分たちのもの（オブジェ）を集め、お互いが自分たちのもの（オブジェ）を評価するのを助け合う。子どもたちが色の付いたものを自分たちの立体作品に付け加える時、彼らはものを何か所かに置いてみたらどうという提案を思い出

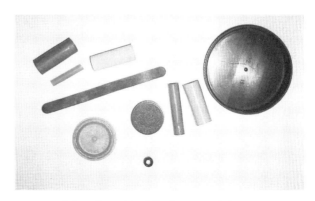

青色のもの（オブジェ）のコレクション

す。というのは、この点で、構築物は一般的に空間に到達し、高い場所や低い場所を探求するための様々な機会と、様々な観点から、見る機会が現れるからである。子どもたちの探求をサポートするために、私たちは子どもたちが一番したいような配置を決定するまで、接着剤は今一度使用禁止にした。

今一度試みられる、三次元的課題の解決

　接着の課題は、今一度生じ、子どもたちは更に一層の解決を行わなければならない。子どもたちは、自分が発見した接着アイデアのリストを参照する。ビーズと丸いもの（オブジェ）は、特別の課題となる。

　自分たちが成し遂げたことを振り返り、鑑賞して喜ぶことも学習過程の一部

をなしている。このことも、お互いの物語りに耳を傾け、お互いに賞賛しあう時間となりうる。

「そこには木のきれいなパーツがある。そこにはきれいなパーツがあって、それはブルーだ。僕は本当にそれが好きだ。」

構築物を描く

　私たちは、レッジョ・エミーリアのアプローチにおいて、子どもたちが一つの言語からもう一つの種類の言語に移行していくアプローチに関心を持ち始める。とりわけ私たちが、関心を持ったのは、先生たちは、子どもたちが自分たちで作った創造物を描くことを促しているということだ。それなので、私たちは、4、5歳児の園児たちが自分たちの複雑な構築物を描画できるかどうか観察しようと

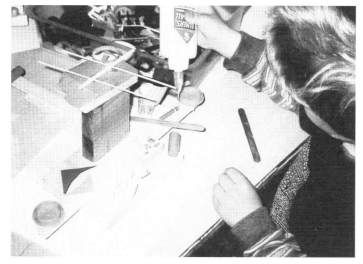

左：子どもたちがあるもの（オブジェ）を木の創造物の横に貼り付けたい場合には、子どもたちは数分間それを持っておかねばならないことを学ぶことになる。そうでない場合には、子どもたちはその面を下にして、この立体作品の向きを変えることが必要となる。

上：子どもと先生は、一緒にプロセスを再考する。「僕のは、狩猟者というんだ。そして僕は、それが『注意しろ，君の狩猟者を』と言っているふりをする。狩猟者はたくさんの空間を持つべきだ。それなので僕はたくさんの空間の中に置くんだ。」

決心する。私たちは、手で取り扱うことや、組み立てることが、子どもたちの描画に影響を及ぼすはずであると推論する。しかし私たちは、このグループの子どもたちと一緒に、描画の観察を試みることはしていなかった。

この探求は、春に行われる。それ故に、全ての子どもたちという訳にはいかないとはいえ、多くの子どもたちがこの点で基本的な形態を描くことができる。できるかなと思いながらではあるが、私たちは子どもたちに、描いてみるのに一番好きな立体作品を見る視点を選び、それを描くことに挑戦してみてね、と伝える。私たちは、子どもたちに、先の細い黒マーカーと白い紙を渡す。そして私たちは次のように言う。「あなたの創造

描画の準備をする

　私たちは子どもたちに次のように言う。これは難しい課題だわ。だけど、挑戦してみてね、と。子どもたちが始める前に、そして先の細いマーカーを与える前に、私たちは数分間ながめていた。私たちは、一人一人の子どもに、彼らがプランし始めた形を指し示すように、そして彼らが実製作のために指で形を描くようにと言う。子どもたちがそれを始めてから、私たちは彼らにマーカーを渡す。

驚くべき描画

　私たちは、この実験から得られたいろいろな結果に驚く。この年齢の子どもたちが、観察からそんなに素晴らしい描画ができるとは知らなかった。この描画は、コラージュした人間の描画とは異なっていた。この場合には、私たちは子どもたちに、パースペクティブという厄介な問題を含んだもの（オブジェ）を描いてみましょうと、依頼しているからだ。それらは、大人の場合でも何とか取り扱えるだろうと感じることのできないような課題である。子どもたちは素直に挑戦することができるので、彼らの達成感の喜びは明らかである。私たちが教師として学ぶことは、次のことである。即ち、何人かの子どもたちはまだ自分の名前を書けないのに、自分の作った創造物

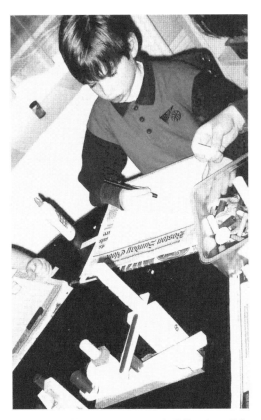

エリーは、描くために目と手を準備した。最初には指で、そしてふたをしたままのマーカーを用いて、様々なもの（オブジェ）の相対的なサイズと形を線の言語に転換する作業を行う。更にまた彼は、ある一つのものを他のものとの関係でどのように、或いはどこに置くかという直観的な理解を発展させる。エリーは、自分の次のステップを形作るために自分の構築物を言葉で表す練習をしている。

物」の描き入れる全体の形がいかにあなたの紙に一番フィットするか、考えてごらんなさい」と。

描画の行為をする間、ある一人の子は、自分の理解と様々な能力が一歩一歩成長していくのが分かる。最初にザッカリーは、先の細いマーカーで全体構造を描き、そして自分の名前を書く。それからいろいろなもの（オブジェ）を着彩するために、彼の立体作品上に築かれているものに合ったいろいろな色彩のマーカーを選ぶ。

を描けるということである。

　何人かの子どもたちは、一つか二つの形をデッサンすることだけを行う。これらの子どもたちにとってはそれがすごい達成である。多くの子どもたちは、自分の作った創造物を驚く程複雑な感じで描画する。何人かの子どもたちは、いろいろな観点から自分たちの作った立体作品を描画しようと試み続ける。立体作品を描画することは、様々な課題やその解決、更にはこのプロジェクトの完成の仕方について思い出し、考える方法である。それは、何かを三次元的に、そして複合的に組み立てることに結びついて様々な考察を配慮する方法である。

　子どもたちのグループによって作り上げられた最終的な成果を眺めながら、訪問者の、ある大人は次のように質問する。「もし私の孫がこのようなものを作りたくなった場合には、私は孫に何と言うべきなのかしら？」と。するとその子どもは、答えて言う。「もし僕が僕の絵を持ってきていれば、僕はそれをどのようにするかをその子に話してあげるよ。そしてそれをどのようにするかを思い出すことができたでしょう」と。その子どもの描画は、考えるための地図となった

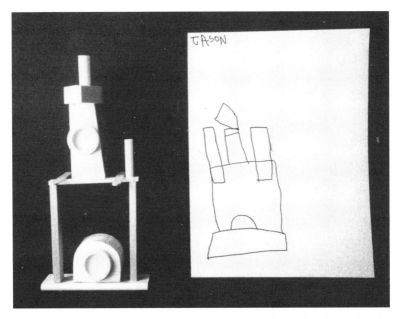

取り扱うこと、様々な形をセレクトすること、サンドペーパーをかけること、様々な立ち位置を取ること、ボンド付けすること、諸々の視点から実験をすることを含んだ一か月にわたる経験、それら全てが、子どもたちが自分たちの創造物の組み立てのプロセスを思い出す時に、一緒になって思い出されてくるように思われる。

のである。

考え方

　私たちは、この経験の出発点を振り返り、様々な材料を教室の中に持ち込むことや、学習のための子どもたちのポテンシャル（潜在的能力）を発見することの中には、次のような学習スキルと同様のプロセスが豊富に含まれていることに気がついた。即ち，数学や理科で活用されているような学習スキルや、文学を解釈することの中に活用されているような学習スキルが。それは物事を考える方法である。それは、教師たちと子どもたちの両方が，どのように考えるかをより一層知ることができるようになる上で、助けとなる。更にこの経験は、私たちの美的感受性を純化してくれる（深めてくれる）と同時に、大人たちにも子どもたちにも生涯にわたるスキルを学ぶ上での考え方を与えてくれる。

　彼は自分のこのアイデアがどのように

一人の子どもが、自分のデッサンに深く没頭して、木でできた自分の立体作品の周囲の光景を作り上げる。

発展していったかを説明する。「それはマリーナにあるようなボート。僕はその子に立ち上がっているものを示そうと思う。それはアンテナみたい。二つの緑色のものは、銃みたいなもの。そこには何か、僕が大きい方のものから撃つことができるようなものがあったんだ。それはすごくかっこ良かった。」

　作業をしていくうちに、私たちは今一度、私たちの物語りを語る必要性に気が付く。トーマスは、彼が木の構築物を作っている間に、通過したプロセス、並びに彼が抱いたイマジネーションを説明してくれるような写真を選択するのを手伝う。これらの写真は、トーマスがどのように考えていたか、そしてどのように覚えているかを見せてくれる。

私たちの物語りを語る必要性

　私たちの物語りを報告することは、一種の私たちの経験を記録する方法である。そしてこの記録するプロセスは、子

右三点：トーマスは、自分の構築物のベースとなっている三つのパーツを説明する。

どもたちの思考のプロセス、子どもたちの欲求、そして彼らが体験した驚きを私たちが理解することを助けてくれる。記録は教師たちに、なぜ自分たちにとって特別な体験が重要であると思うのかを再検討する機会を与えてくれた。更に記録は、教師たちに、将来において自分たちが違ったやり方で行うかもしれないことについて、考えを及ぼす機会を与えてくれた。

　記録は、教師間の、そして教師と子ども間のコミュニケーション（意思疎通）のための乗り物である。更にまたそれは、親たちとのコミュニケーションのための乗り物である。親たちは、彼らが園で取り組まれる興味深い活動に関心を向けてくれる場合には、教室の行事への力強い味方となってくれる。子どもたちの製作の隣に、子どもたちの言葉や画像が

置かれた時、親たちはより一層教室に興味を持ち、教室により一層長時間滞在してくれるようになる。

ニッキーの物語り

　「上の方の部分を描くのは難しかった——それはね、くっ付けられている所。というのは、僕は、それがどんな風に作られているのかよく分からないから。」

　私たちは、ニッキーのコメントについ

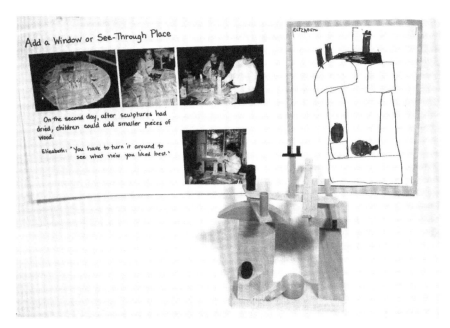

Add a Window or See-Through Place

On the second day, after sculptures had dried, children could add smaller pieces of wood.

Elizabeth: "You have to turn it around to see what view you liked best."

ELIZABETH

私たちは写真と、私たちのメモや録音の書き起こしとを結びつける。それによって、子どもたちや、先生たちの言葉を活用して、考える様々なアプローチや、材料を用いて行われる私たちの旅路の間に、私たちが解決した様々な問題について報告するために。

左：一日目
右：三日目

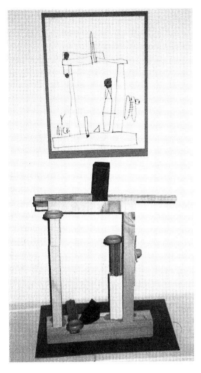

四日目

「自分の目で見て、それがどのくらい長いのかわからなかっただけなんだ。」

て何度も何度も考える。そして私たちは、次のように感じた。即ち彼の言葉は、彼が組み立てることから新しい描画という製作に移行する際に様々な困難性があることに気がついたということを示している、と。そして私たちの同僚リータ・ハリスは、ニッキーが主としてもの（オブジェ）のアウトラインや形に興味を持っているとコメントする。彼女は、次のように思い出して言う。「ニッキーは、色彩やディテールにはほとんど関心を向けませんでした。彼が望んでいたことは、全体的な形でした。それで彼は、

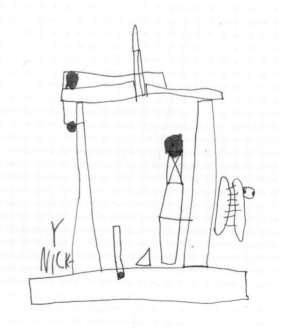

右：五日目　　Day Five

輪郭を描こうと一生懸命取り組んでいました。私は彼を一年間ずっと見てきましたので、彼の作品に魅了されました」と。

展示して他の人の気持ちと交流する

　私たちは、子どもたちの作品を展示して、それを少し離れて見たいと思う。私たちが魅力的な配置にたどり着いた時、私たちは子どもたちに対する敬愛の気持ちを交流し、彼らの表現作品に対する素晴らしいという気持ちを交わすことができたように思う。

これらの子どもたちは、自分たちの作品を見て、自分たちがどれだけの仕事を成し遂げたか、どれだけの進歩を自分たちが実現できたかに気づく。

ショーシは、自分が組み立てたものを見て楽しんでいる。そして自分が使った紫色のもの（オブジェ）の明るさと暗さの間の大きな違いに気づく。

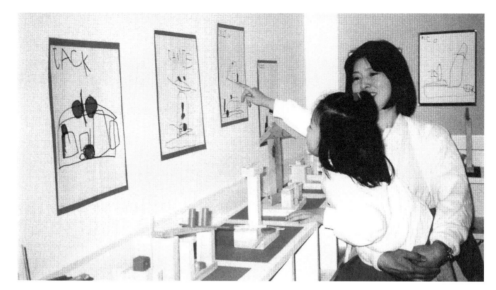

組み立てが完成した時、先生たちはそれらの作品を玄関の、より一層多くの人の目に触れる場所に移した。注意深く美的な展示を整えながら、私たちは子どもたちの作品に対する敬意の念を展示で示した。子どもたちは自負心と、達成感という充実した気持ちを抱く。展示を整えながら、私たちはそれによって子どもたち自身が彼らの喜びや、達成感を家族の人や友人たちと共有できるようにする。

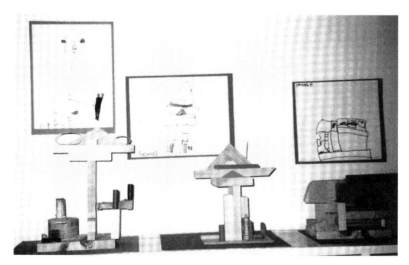

園にやったきた全ての大人にとって、これらの展示物は、子どもたちがどのような潜在的可能性を有しているかを示す強いメッセージとなる。

旅路は続く…

　親たちは、興味を持って展示を鑑賞した。彼らは他の子どもたちの作品を見ている。自分たちの子どもの作品だけではない。親たちは、子どもどうしの相互作用のようなものにより一層興味を持つが、同時に子どもたちと、自分たちが子どもの創造物、写真、対話の中に記録されていることを確認する諸々の材料との一種の相互作用により一層興味をもつ。これは、教室の中にコミュニティーの意識を作り始める一つのアプローチである。私たちは、様々な材料の中に潜在的能力を見ることが何を意味しているかを自分たちが理解し始めていると感じる。そし

「ここに物があるのは、これは脚かもしれない。これは足かもしれない。緑色は私にとって、好きな色だわ。」

描画を構築物の下絵として使うことによって、この子どもは自分の身体のいろいろな部位について再び考える。そして様々な材料をシンボリックに使う。

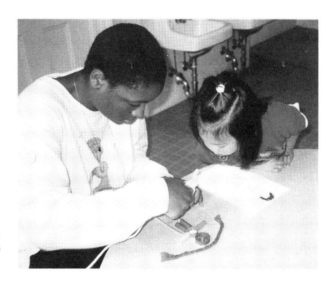

この先生は、グルーガンを使って、透明アセテートのシートの上に様々なもの（オブジェ）を貼り付けるのを手伝っている。

右：この子どもの二つの自画像を、製作プロセスの写真の横に展示すると、クラスの他の子どもたちの好奇心を引き起こすことが可能となった。そしてそれによって、材料を使って自分自身を表現するヒントが与えられた。

て私たちは、私たちが様々な材料を取り扱うその多様なアプローチに驚嘆する。

私たちが学んだこと

記録（ドキュメンテーション）について

　私たちが子どもたちの仕事を振り返り、子どもたちの省察に再度耳を傾けた時、私たちは次のことに気がついた。即ち、記録（ドキュメンテーション）のプロセスは、私たちが子どもたちと、子どもたちの学びのスタイルを非常に深く把握することを助けてくれた、と。私たちは、子どもたちの考えや会話を記録できるように、いつもノートを手元に置いていた。テープレコーダーによる記録は、私たちが振り返ったり、直接的な話し、言葉や理解の一齣を探し出すことを助け

てくれた。写真やヴィデオは、私たちの体験を親たちと共有する上で、非常に大きな助けとなり、子どもたちの様々な努力を評価する上で非常に重要な方法となった。そしてそれらは、子どもたちの考察を助ける方法ともなった。

描画について

　私たちは、組み立てることを経て描画することへ、ある一つの表現言語から他の表現言語へ至る歩みは、力強い学びであり、一つの記録のツールであるということを発見した。子どもたちが描画する時に子どもたちを支える為に有効であると私たちが知っている最も効果的なアプローチは、あなたたちが子どもたちに求めようとすることと同じことを試みることである。

本章のまとめ

　私たちが目撃した子どもたちの製作について考察する助けとなるように、私たちは私たち自身に対して、あるいは親たちに対して一連の開かれた問いを発する。

　●子どもたちが、自分自身で様々な材料を探し出し、集めた時、それは子どもたちには何を意味するのだろうか?

　●このことは、それらの様々な材料を活用し、大事にする方法に影響するだろうか?

　●子どもたちが最初からそのプロセスに集中した時、彼らは思慮深くなり、鋭い省察を行い、自分たちの様々な努力に喜びを抱くようになるのだろうか?

　私たちは、皆さんを次のような挑戦にご招待します。即ち、普段使われないような材料を用いた製作を行おうとする挑戦や何が生まれる—そして何が意味深いことであるかを探求しようとする—挑戦へ。私たちは私たちの旅路の次なる歩みを続けていきたいと思います。

　　　　　（キャシー・W・トッパル）

第6章

本書の理解の為に：第1-5章で取り組まれていること

―幼児たちは「材料を手掛かりに探求すること」をいかに実現し、築き上げていくか―

第1章
＜予備理解へのポイント・ガイド＞

・何年か前から、私たちは私たちの園において、…気が付いた。折に触れて私たちの興味や熱中や自覚に火をつけるのは、様々な材料に目を向けたり、集めることによってなのだということを。

・＜第1アプローチにみる子どもたちの表現活動の構造＞：この連鎖構造からなるアプローチの基底をなしているのは、＜様々な材料を集める―観察する―発見する―そして組織する＞という、生の生活体験に根ざした、体験的な探求活動からなる構造的プロセス…。

・＜体験活動と振り返り活動の構成＞のベースをなしているのは、＜仕事を協同してこなす―アトリエスペースの体験―手と目と心を使った探求―考えるための実験室＞という体験学習の連鎖構造からなるプロセス…。

第1章：トッパル氏にみる柔らかなアプローチ概念

1）教育方法的アプローチの誕生
　トッパル氏は、同書第1章「様々な材料を集め、発見し、組織する」において、先ず基本的幼児教育コンセプトの糸口について説明する。ここではそれを、＜様々な材料を集める-観察する-探求する-そして整理する＞という行為連鎖の誕生として特徴づけることができる。

それに関連して同氏は次のように語る。何年か前から、私たちは私たちの園において、…どのようにして様々な材料が様々なアイデアや考え方を燃え上がらせるかを研究する中で、…気が付いた。折に触れて私たちの興味や熱中や自覚に火をつけるのは、様々な材料に目を向けたり、集めることによってなのだということに[1]、と。

今ここで、同章に紹介されている子どもたちの体験活動と探求プロセスを分析的に辿る時、幼児教育における細やかな教育的アプローチ構成の発想構造を以下のように整理することができる。

2）第1アプローチ（表現活動）の活動項目　今紙数の関係で、この第1アプローチを分析するならば、次の諸点が明らかとなる。

①糸口01：様々な材料
②糸口02：観察する
③糸口03：子どもたちの探求活動
④糸口04：経験を復習する
⑤糸口05：カテゴリー・リスト作り
⑥糸口06：プラスチック容器への整理
⑦糸口07：親たちの参加　（呼びかけ書簡と参加セレモニー）
⑧糸口08：材料の整理・秩序づけ
⑨糸口09：裁断すること

3）＜第1アプローチにみる子どもたちの表現活動の構造＞　この連鎖からなるアプローチの基底をなしているのは、＜様々な材料を集める―観察する―発見する―そして組織する＞という、生活体験に根ざした、人間の素朴な探求活動からなる構造的プロセスであった。

最初は素朴な活動から、次には見たり整理したり観察したりといった活動が始まり、そして探求的活動が続き、最後には分類したり、整理・秩序づけるといった、幼児の生活実態に即した活動連鎖プロセスが続く。

4）第2アプローチ：（導入体験活動と振り返り活動）の活動項目

今この第2アプローチを分析する時、次の諸点が明らかとなる。

①教育環境づくりの構成01：仕事を協同してこなすアプローチ
②同構成02：アトリエ・スペース
③同構成03：手と目と心を使った探求
④同構成04：考えるための実験室で思いを巡らす

5）この第2アプローチのベースをなしているのは、＜仕事を協同してこなす―アトリエスペースの体験―手と目と心を使った探求―考えるための実験室＞という体験的活動と探求の活動の連鎖からなるプロセスである。

これに関連してトッパル氏は次のように指摘する。「考えるための実験室 Laboratory for thinkings」、「アトリエ・

スペース Studio space」は芸術的な事項が行われる孤立した場所ではない。それは、「考えるための実験室」であり、考えることは材料を通して表現される、このような体験と発見をする場所である。このことが起こるために、様々な材料を見ることができ、触れることができるような、それゆえに子どもたちにとって、自分は何をしているのか、という所へ立ち戻れる可能性、そして様々なアイデアを振り返れる可能性が存在するようなスペースが重要なのである、と。

　子どもたちが、様々な材料を扱った自分たちの作品[仕事]に精神的に集中できるような特別なスペースを創ることは、学ぶことにとって、助けになり，子どもたちが自分たち自身の強さを発見することに貢献する[2]、と。

第2章
＜予備理解へのポイント・ガイド＞

・「方法的アプローチの発見　…トッパル氏はそれを『探求するための乗り物を発見する』と特徴付け、『それぞれの材料』を活用したこの探求から、私たちにとって『探求する』ための『乗り物』が生まれてくる」と

説明する。

・「…この様々な材料を探求する実験は、子どもたちにとって、印象深い経験となり、想像力を刺激する、と。このような体験は子どもたちを、ストーリーを語ったり、いろいろなゲーム遊びを発展させる所へ導いてくれる…。」

・色ごとに分類することは、何日か経っていった時に、あるいは何週間か経っていった時に、より一層洗練されていく経験である。トッパル氏はこの点を次のように説明する。この探求は、3歳、ないしは4歳の女の子が、部屋のすべてのコンテナから「[例えば−筆者]ピンク色のもの」を引っ張り出す時に始まる。先生は、「皆さんは他の色のものも分類したいですか」と聞く。そしてもっと多くのコンテナを活用できると（〔　　〕―筆者）。

第2章：子どもたちにみる「材料を探求する」アプローチの誕生

　次の第2章では、幼児にあって「材料

を手掛かりに探求すること」がいかに実現され、築き上げられるか考察、報告されている。

（1）はじめに

1）方法的アプローチの発見　トッパル氏はそれを「探求するための乗り物を発見する」と特徴付けている。そして「それぞれの材料」を活用したこの探求から、私たちにとって「探求する」ための「乗り物」が生まれてくると説明する。

出発点　子どもたちは様々な「もの（オブジェ）」を大きさで整理し、次のような指標で分ける。諸々のものを色と形で分類する。まっすぐなものであるか、曲がったものであるか、ざらざらしたものであるかすべすべしたものであるか、平らなものであるか丸いものであるかで[3]。

そしてその際同氏は語る。この様々な材料を探求する実験は、子どもたちにとって、印象深い経験となり、想像力を刺激する、と。このような体験は子どもたちを、ストーリーを語ったり、いろいろなゲーム遊びを発展させる所へ導いてくれる[4]、と。

2）更にトッパル氏は次のようにも語る。「子どもたちは自分たち自身の作業のペースと方法を持っている」[5]、と。

（2）子どもたちから学んだこと

トッパル氏はここで、子どもたちが見せてくれた、幼児表現教育論の中心的事象を次のように説明する。

1）子どもたちは刺激的で興味深いことをたくさん発見する、そして様々なものを、それ自身の空間に入れようとすると。そして「私たちは、子どもたちの興味、知性、作業から生まれるアプローチに関して、非常に刺激的で興味深いことをたくさん発見した。そしてまた、立ち止まって、観察することによって、私たち自身の不確実さに関する刺激的で、興味深いこともたくさん発見したのであった」[6]、と。

その時、教師たちは、子どもたちが探求している間の様々な経験から、子どもたちの喜びのルーツを発見する[7]。

2）表現（デザイン）センス　諸々のもののそれらの配置を見ている時、幼児の中に強い表現センスがあることに気がついた[8]。

幼児作品：僕は昆虫を作った

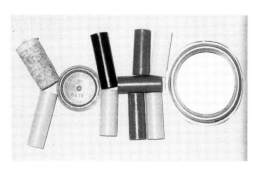

昆虫

その後、クラスの子どもたちはずっと昆虫の研究に集中してきた。この点をトッパル氏は次のように報告している。

いろいろな材料を配置している時に、ある一人の子どもが、この昆虫をデザインした。彼は、様々な昆虫についての教室での探求と自分が探求していたいろいろな材料とを結合させた。そして子どもたちが発見した様々な材料の形態上の特徴は、彼に、昆虫の三つの部位を思い起こさせてくれた[9]、と。

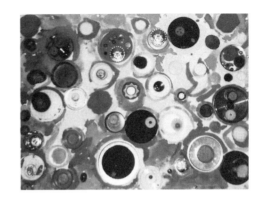

（3）金属の「もの」で物語りを語る

1）材料の形、色彩、テクスチャー（手触り）のわずかな違いは空間を生み、子どもたちに物語りを生み出す　子どもたちが、一つのコンテナの中に似たようなものを置き、それらに付け加え続ける時、形、色彩、テクスチャー（手触り）のわずかな違いが、姿を現し始める[10]。

2）太陽たち　いろいろな材料を用いて製作していたトーマスは、金属の物体を探ろうと決めた。そして次のように言う。「僕は一人の人物を作っているんだ。かっこいい。それは輪のようだ…とても可愛い。…僕は、本当に太陽を作っているんだ。真ん中にあるのはデザイン。でも、やっぱり太陽。ここにあるのは、僕の小さなワークショップ」と[11]。

3）円について考える・様々な円を続けて探求する　子どもたちにとって、様々な円を描くことは、なぐり書き（スクリブル）の諸経験から生まれてくる。普通、円は3歳から4歳にかけての幼児が描く最初の形である。

そして子どもたちの中では、様々な円に対する興味は伝染する[12]。

次の日、子どもたちが園にきた時、彼らは「もの（オブジェ）」の容器の横に円い（まるい）ものの箱が置いてあることに気がついた。それは、先生たちが置いてくれたものだった。

そして次の日彼らは、その「もの（オブジェ）」が浮き上がってくるように、空間を着彩した[13]。

また一人の女の子は、自分のドレスがいろいろな円で一杯となっていることを発見し、イーゼルの所へ行き、他の媒体（材料）で自分のアイデアを実験し

た¹⁴⁾。

（４）色ごとに分類する

　分類することは、何日か経っていった時に、あるいは何週間か経っていった時に、より一層洗練されていく経験である。トッパル氏はこの点を次のように説明する。この探求は、３歳、ないしは４歳の女の子が、部屋のすべてのコンテナから「ピンク色のもの」を引っ張り出す時に始まる。先生は、「皆さんは他の色のものも分類したいですか」と聞く。そしてもっと多くのコンテナを活用できるように整える¹⁵⁾、と。

　１）子どもたちのコメントを手掛かりに築き上げる／２）色彩の探求をさらに拡大する（中略）

　少女たちは、運動場にいるクラスメートや友達に合流した時、色彩を整理することについて話しあった。一部の他の子どもたちは、そのような活動に興味を抱いたようである。そして子どもたちが教室に戻ると、先生たちと子どもたちは一緒になって分類と配置の活動を行った。そしてクラスメートにもそれに挑戦してみよう、と誘うこととなった¹⁶⁾。

第３章
＜予備理解へのポイント・ガイド＞

　第３章における活動連鎖の紹介
　１）アトリエにある様々な材料を使って人形を作ってみない、と提案する、
　２）子どもたちのアイデアと製作をサポートする、
　３）「自分を魅了する様々な材料」を活用し、操り人形を作る、
　４）顔の特徴を探求する、
　５）コラージュのキャラクター、
　６）胴体と服を付ける。

第３章：「様々な結合」を作る

（１）概要

①様々な材料を使って人形を作る　次にトッパル氏は、原著第３章で次のような報告から始める。先生たちは子どもたちに、アトリエにある様々な材料を使って人形を作ることを提案する。子どもたちに、手掛りとなるモデルを与えるのではなく、「偶然性を使う」ことを。

　そこで、まずこう尋ねる。「ここにある材料を使って、どんな風に人形を作れる？」と。そして先生たちは、子ども各自の名前の付いている小さな箱を配る。各自が集めたいろいろな材料を入れて、

次の日にそれら材料を使って仕事ができるようにする。

②顔の特徴を探求する　様々な材料は探求にとって跳躍台の役割をはたす。子どもたちの様々な観察から、先生は次のことを理解した。子どもたちが良い感じに調和するもの（オブジェ）のペアーを見つけた時、子どもたちはそれらを目と見なすことが多いということを[17]。

次に、先生はミリアムとイザベルに、様々なもの（オブジェ）を選び、配置する前に、鏡を使って自分の顔を見て参考にしてみたらと促す。そして彼女たちの探求のアプローチを拡げさせた。

するとミリアムは、何か他に付け加えるものが要るわと思い、他の材料を探すためにアトリエに向かった。

ミリアムは、何か他に付け加えるものが要るわと決心し、その後、他の材料を探すためにアトリエに行く。

イザベルは顔を作るのにどれ（オブジェ）を使おうかと考えていた。彼女は黄色のプラスチックのファスナーを見つけた時に言う。「唇が、ガタガタ震えている唇が必要だわ」[18]、と。

（2）内容紹介
　1）アトリエにある様々な材料を使って人形を作ることを提案する
　2）子どもたちのアイデアと製作をサポートする
　3）「自分を魅了する様々な材料」を活用し、操り人形を作る
　4）顔の特徴を探求する
　5）コラージュのキャラクター
　6）胴体と服を付ける

1）何人かの子どもたちは、最初に各自の作った顔に胴体を付けさせようとした。そして、加工用紙とスクラップボックスを集め、…掘り出し物の材料をアトリエで探した。

子どもたちが自分自身のキャラクターの体部分を完成させるため、いろいろな材料を集める時、さまざまな包装紙の紙片が取り出され、試された。

するとある子は、自分のコラージュする人物の服を裁断し、配置した[19]。

そして子どもたちが実験を終えた時、彼らは、様々なもの（オブジェ）を厚紙に貼り付ける。この厚紙は、子どもたちにとって、ベースとなると同時にその後の製作にとって空間を与えてくれた。それは、もっと、いろいろできるという期待を与えてくれる。

2）その後子どもたちは語る。「私はオズの魔法使いのドローシーを作っているの」、と。／「これは私には、滑稽に見えるわ。私はその代わりに、それをここに置こう。」／「私は耳の所を切ったわ。なぜって、私は正しい形を見つけ出せなかったから。私はそれらを切り出したわ。私はボタンについて考えているの。それらのボタンの一つは、本当に小さいの」[20]、と。

3）そして描画する、それは記憶される。

（3）まとめ：私たちが学んだこと

トッパル：「私たちは適切な時間に様々な適切な材料を与えることによって、子どもたちに大切なギフトを与えることができる…。」[21]

「私のピエロは手品をするのが好きで、その名はおばかちゃんの男の子という。」

子どもたちは、自分たちの創ったキャラクターに一度立ち戻り、手を加えていく。

　幼児たちは「材料を分類・探求する」活動から、「木の端材を使って組み立てる」活動を創り上げ、更には「探求する」活動を実現していくアプローチを自ら獲得する。

　「材料を探求する」活動から「木の端材を使って組み立てる」活動へ、更には「諸々の活動を拡大する」活動アプローチとその教育学が、教師と子どもたちとの協同作業によっていかに練り上げられていったのか。同成果を解き明かす仕事は、20世紀幼児教育界の教師たちが実践的には取り組みながらも、同教育界が長い間統合的な整理という点で残された課題であったように思われる。

第4章：木の端材を使って組み立てる

　上に概観したように、トッパル氏は、幼児表現教育の方法的アプローチの発見を「探求するための乗り物を発見する」と言い表した。そして、「それぞれの材料」を活用したこの探求から、幼児たちにとって「探求する」ための「乗り物」が生まれてくることを明らかにした。そこで最後に、トッパル氏の1999年の著作第4章で取り扱われている、次のような事柄を紹介したい。即ち、幼児たちが「材料を分類・探求する」活動から、「木の端材を使って組み立てる」活動を「探求する」活動がいかに実現されていくか、を。

（1）概要
①木の端材を使って組み立てる　原著第4章では「構築物」を作る活動が探求された。
②注視すること・分類すること　まずトッパル氏は、第4章で報告されるプロジェクトの基本的考え方について説明する。「分類することには、木の有するたくさんの特性や性質に目を向けることが含まれている」[22] と。
③三次元で考える・三次元的思考を拡張する　木の端材を用いた組み立てプロジェクトは、子どもたちが三次元の空間を理解し、三次元の空間を用いて製作することへの導入となる[23]。
④空間について考える　❶開口部の発見：空間、ないしは虚の形はどんな組み立てにおいても重要部分。そして❷組み立てと物語りはより一層複雑になる　子どもたちは、作業をしながら自分たちの構築物に名前を付け、それらについての

物語りを話してくれた。

（２）内容紹介

1）木の端材を使って組み立てる

①着眼点　子どもたちは、年齢が進むと、興味・関心と、探求に新しい領域が生まれてくる。その時、木の端材という一つの贈りものが、創造することに向かう子どもたちの新しい関心に火をつける。

そこで教師たちは、まず子どもたちが自分自身の三次元の構築物を作ることができるように木の端材を集めることを決めた[24]。

そして「注意を向けること、集めること、分類すること、解明、探求すること」―これらのプロセスを通して、子どもたちは再度遊びの中へ呼び戻される[25]。その時、面白い形をした端材

木の端材を集める

は、「宝となり、子どもたちの探求の対象となる」[26]。

②注視すること・分類すること

「分類することには、木の有するたくさんの特性や性質に目を向けることが含まれる…」。

そして活動が始まると、まず子どもたちは次のような発見をした[27]。

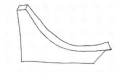
これは滑り台に見える

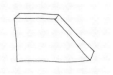
ゴミ回収車の後部

サンドペーパーをかけ、フォルムを探求する

③三次元で考え、三次元的思考を拡張する

トッパル氏は、それらの活動から、子どもたちの中に三次元的思考が動き出してくることを指摘する。

一晩中乾燥させることによって、創造物が強固にされた。子どもたちは、自分たちの作品が一度乾くとより一層丈夫となり、…強固となることを発見した。そして喜んだ。子どもたちは…、ひっくり返し、…観察する[28]。その時、「マックスは自分の立体作品を回転させ、…いかに異なって見えるかに気が付き、喜ん

イザベラとサラは、長い時間をかけて研磨する
…。イザベラは言う。…「見て、私のから何か
落ちているわ。私はブラシで木くずを落とすわ。
…それがとてもつるつるしてきた時、どうなっ
たか見て。ざらざらしたのは何処にもないわ。
私はこれを研磨したかしら？」

開口部の発見

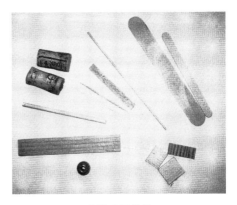

木製の日常品

だ」[29]。

④空間について考える

　1）開口部の発見　空間、ないしは虚
の形はどんな組み立てにおいても重要部
分[30]、となる。

　2）組み立てと物語りはより一層複雑
になる　子どもたちは、作業をしながら
自分たちの構築物に名前を付け、それら
についての物語りを話してくれた。[31]。

　そしてある幼児は次のように語った。
「これは僕の動物のための家。だから僕
はいろいろな視点から実験しているん
だ」[32]、と。

⑤私たちは何を学んだか

　プロセスについて　トッパル氏は次の
ように説明する。「木の端材を使って組
み立てる普段の経験を通して、私たちは
諸々の三次元的思考を学ぶ様々な機会が
あることを発見した。」[33]、と。

　学びについて　木の端材を用いた組み
立ての全ての部分――均整の問題に取り
組む作業、様々な観点、虚の空間、接着
――は、先生にとっても子どもたちに

とっても、深い学びの経験に導いてくれた[34]。

第5章 「諸々の活動を拡大する」
<予備理解へのポイント・ガイド>

取り上げられるトピックは、次のような連鎖。<①諸々の活動を拡大すること―②構築物を描くこと―③作品展示を通して他の人と気持ちを交流すること>。

・私たちの物語りを語る必要性
トッパル氏は、子どもたちによるこの物語りについて説明する。

・「私たちの物語りを報告することは、一種の私たちの経験を記録する方法である。この記録するプロセスは、子どもたちの思考のプロセス、子どもたちの欲求、そして彼らが体験した驚きを私たちが理解することを助けてくれる」。

・展示することにより他の人の気持ちと交流する　トッパル氏は、子どもたちの、展示による他の人々との気持ちの交流を説明する。「私たちは、子どもたちの作品を展示して、それを少し離れて見たいと思う。私たちが魅力的な配置にたどり着いた時、私たちは子どもたちと彼らに対する敬愛の気持ちを交流させ、彼らの表現作品に対する素晴らしいという気持ちを交わすことができた…」、と。

第5章　諸々の活動を拡大する
（１）概要
①諸々の活動を拡大する　第5章でトッパル氏は、幼児の成長、そして幼児の表現に何が可能となるかを提示する。取り上げられるトピックは、次のような連鎖。<①諸々の活動を拡大すること―②構築物を描画すること―③作品展示を通して他の人と気持ちを交流すること>。

「材料を探求する」活動から「木の端材を使って組み立てる」活動へ、更には「諸々の活動を拡大する」活動アプローチとその教育学が教師と子どもたちとの協同作業によっていかに練り上げられていったのか、この成果を解き明かす仕事は、２０世紀幼児教育界の教師たちが一部気がつきながらも、同教育界で長い間解き明かせなかった課題であったように思われる。

②構築物を描く　次には子ども自身が探求した構築物を描写する。この取り組みをトッパル氏は次のように説明する。「最初に私たちは子どもたちに、描いてみるのに一番好きな立体作品を見る視点を選び、それを描くことに挑戦してみてね、と伝えた。」すると「エリーは、描くために目と手を準備した。最初には指で、そしてふたをしたままのマーカーを用いて、様々なもの（オブジェ）の相対的なサイズと形を線の言語に転換する作業を行う。…」[35]。

③展示して他の人の気持ちと交流する

（2）内容紹介

1）諸々の活動を拡大する

新しい活動に興味を持つ　子どもたちの活動はまず、「もの（オブジェ）・ボックス」から始められた。トッパル氏は、その展開について以下のように報告している。

すると子どもたちは、木の構築物の上

緑色のオブジェのコレクション

で、様々なすてきな材料を置くゲームを行った[36]。

子どもたちがあるもの（オブジェ）を木の構築物の横に貼り付けたい場合には、子どもたちは数分間それを持っておかねばならないことを学ぶ。そうでない場合には、子どもたちはその面を上にして、この立体作品を横倒しにすることが必要となる、と。

2）構築物を描く

①…先生たちは子どもたちに次のように言った。「これは難しい課題だわ。だけど、挑戦してみてね…」[37]、と。

そしてデッサンの行為をする間、子どもたちは、「自分の理解と様々な能力が一歩一歩成長していくのが分かる。…」[38]

②考え方　この体験を振り返り、トッパル氏は、様々な材料を教室の中に持ち込むことや、学習のための子どもたちのポテンシャル（潜在的能力）を発見する

事の中には、幼児造形表現教育独自な学習上のスキルと、同様のプロセスが豊富に含まれていることに気がついた事情を語る。

「…私たちは今一度、私たちの物語りを語る必要性に気が付いた。トーマスは、彼が木の構築物を作っている間に、通過したプロセス、並びに彼が抱いたイマジネーションを説明してくれるような写真を選択するのを手伝った。そしてこれらの写真は、トーマスがどのように考えていたか、そしてどのように覚えているかを見せてくれた」[39]、と。

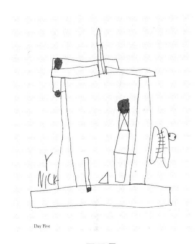

五日目

③私たちの物語りを語る必要性　ここでトッパル氏は、子どもたちによるこの物語りを次のように説明している。
「私たちの物語りを報告することは、一種の私たちの経験を記録する方法である。そしてこの記録するプロセスは、子どもたちの思考のプロセス、子どもたちの欲求、そして彼らが体験した驚きを私たちが理解することを助けてくれる…」[40]、と。

３）展示して他の人の気持ちと交流する

①トッパル氏は、子どもたちの、展示による他の人々との「気持ちの交流」を次のように説明する。「私たちは、子どもたちの作品を展示して、それを少し離れて見たいと思う。私たちが魅力的な配置にたどり着いた時、私たちは子どもたちに対する敬愛の気持ちを交わし、彼らの表現作品に対する素晴らしいという気持ちを交わすことができたように思う。」[41]

ショーシは、自分が組み立てたものを見て楽しんでいる。そして自分が使ったスミレ色のオブジェの明るさと暗さを見る。

このようにして「これらの子どもたちは、自分たちの作品を見て、自分たちがどれだけの仕事を成し遂げたか、どれだけの進歩を自分たちが実現できたか気づく」[42]。「…そこで組み立てが完成した時、先生たちはそれらの作品を玄関のより一層多くの人の目に触れる場所に移した。…」[43]

組み立てが完成した時、先生たちはそれらの作品を玄関のより一層多くの人の目に触れる場所に移した。

②旅路は続く　親たちは、興味を持って展示を鑑賞した。彼らは他の子どもたちの作品を見ている。自分たちの子どもの作品だけではない。…そして私たちは、私たちが様々な材料を取り扱うその多様なアプローチに驚嘆した」[44]。

注

1) Cathy Weisman Topal & Lella Gandini, Beautiful Stuff !-- Learning with found Materials. Davis Publications, Inc. 1999, p.4.
2) op. cit., p.24.
3) op. cit., p.28.
4) op. cit., p.28.
5) op. cit., p.30.
6) op. cit., p.31.
7) op. cit., p.31.
8) op. cit., p.32.
9) op. cit., p.32.
10) op. cit., p.36.
11) op. cit., p.37.
12) op. cit., p.39.
13) op. cit., p.40.
14) op. cit., p.41.
15) op. cit., p.42.
16) op. cit., p.44.
17) op. cit., p.55.
18) op. cit., p.57.
19) op. cit., p.60-61.
20) op. cit., p.61.
21) op. cit., p.66.
22) op. cit., p.71.
23) op. cit., p.76.
24) op. cit., p.68.
25) op. cit., p.68.
26) op. cit., p.69.
27) op. cit., p.71.
28) op. cit., p.80.
29) op. cit., p.81.
30) op. cit., p.82.
31) op. cit., p.84.
32) op. cit., p.84.
33) op. cit., p.88.
34) op. cit., p.88.
35) op. cit., p.94.
36) op. cit., p.90.
37) op. cit., p.95.
38) op. cit., p.95.
39) op. cit., p.98.
40) op. cit., p.99.
41) op. cit., p.102.
42) op. cit., p.102.
43) op. cit., p.103.
44) op. cit., p.104.

（鈴木幹雄）

第7章

私たちの模索と備前市Ａこども園の幼児教育

第1節　表現教育の「切り口」を共鳴させる

（1）園の現状について

　現在の幼児は、超少子化、ICTの推進、感染症対策など、複雑な社会を生きている。そして複雑な社会は、幼児らの遊びの時間や空間を少なくする方向に働き、幼児の遊びにさえ影響を及ぼしている。

　本園は、保育園と幼稚園が合併した幼保連携型認定こども園である。近年の保育ニーズの高まりから、低年齢児の入園者増に伴う保育者不足が課題となっている。

　それは保育の根底にも影響し、園児らは以前に比べると、安全管理のために時間的・物理的な制約を課せられる傾向にある。

　同傾向から、製作活動においても、季節や行事に合わせた製作物や壁面構成が集団活動で行われることが増えている。

　そしてとかく行事に合わせた製作活動となり、何かを作るためにと、目的が決まった、展開分岐の少ない製作活動にな

ることが多い。

（2）レッジョの活動から気づかされたこと

　今回、改めてレッジョの活動の詳細を知った。今まで紹介されていない側面が多く興味を抱いた。

　レッジョ・エミーリアの実践は、行政の財政的な後ろ盾や保育者の待遇の違い、保育者養成の制度の違いがあり、日本でその実践をそのまま再現することはかなり困難なことと理解した。しかしその上で、自分達の実践を省みた。

　子どもが興味を持ったものに没頭する「探究する活動」を少人数で長期にわたって保障できるような保育は現在の体制では難しい。だがここに、何らかの形で挑戦できないであろうか、と思いを深めた。

（3）現状とレッジョが響き合うアプローチを探求する～レッジョを受け止めて～

　1）レッジョの子どもたちは、「自由に」描いたり、作ったりしている。レッ

ジョの「自由」に触れた時、私たちの「自由」に私たちが違和感を覚えた。しかし、現在の保育の中で、「自由に」描くとは何か、自由に表現するとは何であるのか、もう一度、自分達に問いかけてみた。

　２）＜この私たちの自由とはなんだろうか＞。

・私たちの自由は自由を尊重しすぎて、不自由なのではないか。

・体験をする子としない子がいるのは自由なのだろうか。

・教育を保障するということは、遊びを強いることではない。

　３）結果的に職員の中で答えが見つかったわけではない。今も漠然としている。しかし、保育者の中で、子どもたちと一緒に製作に取り組み、探究していきたいという思いが高まっていった実感があった。

（三木健郎）

第２節：私たちの取り組み

（１）現状とレッジョが響き合う実践に向けて

　１）私たちは、私たちの違和感を探究し始めた。私たちには、製作することを楽しむという大きなねらいがある。その中で、季節にちなみ、行事にちなみ、壁面や生活を彩る作品などを製作している。

・しかし、製作活動が作品作りと同義になっているのが現実ではないか。楽しむというねらいが作品を残すという活動に置き換えられていないか。これは、分かっていても直視してこなかった現実として真摯に受け止めていかなければならない。

　２）保育者が子どもに育てたいものは何かをもう一度考え直した。クレパスやハサミなどの用具の扱い方、絵具の混色、色の変化、身近な素材を組み合わせて何かを作ることなど、保育者が教えるべきことはたくさんある。それ以上に子どもの気づきを期待し、待つこと、見守ることの大切さ。明確に考えをもって製作活動に望んでいたはずである。しかし、私たちの違和感は治らない。

　３）トッパル氏の「材料を手がかりに探究すること」、この言葉から、私たちは製作過程の子どもの内面の動きに着目する気づきを得た。

・製作活動中、子どもたちは試行錯誤している。何か想像したり、何かと何かを組み合わせたり。作って、壊して、また作って。しっかり考えている。既知の知識や経験を総動員して考えているのである。

　４）レッジョの子どもたちは「材料を手がかりに」したとき、「感じている」これが、私たちの気づきであった。

・子どもたちにとって、全てが遊びである。製作自体が遊びである。遊びを楽しみ、遊びが次の遊びを生む。

・遊びでは考えること以上に、感じることが大切である。私たちは感じることをもっと大切にしたいと思うようになった。

（2）実践の可能性—現状とレッジョが響き合う

1）ある時、職員が「感じること」の大切さに気づいた。職員の顔が変わった。

保育者として、子どもたちに何かを伝えなければと考えていたことから自由になった。何かを企んでいる子どものような表情にも見えた。「何して遊ぼうか」そんなワクワクし、期待に満ちた表情であった。

トッパル氏は「子どもたちと一緒に旅を始める」と表現している。私たちには、私たちなりの旅の行程があると職員は気づいた。製作遊びという旅をどのような道程で一緒に楽しむか。そう思っただけで気持ちが昂る。

2）子どもたちの素材との旅を私たちは対話し、言葉に耳を傾けながら支える。時には地図を広げ、方向を確認し合うこともする。

私たちにとっては、この道程の歩み方が探求の対象となることに気づいた。

（3）活動　その3　タイル画（4歳児）

<準備物>

・絵の具（赤・黄・青）　・梅鉢　・絵筆（14号）・画用紙（数種類準備、色付き、凹凸付きなどハガキくらいの大きさ）・筆洗バケツ。

<ねらい>

・絵の具を使って、自分の思うままに表現することを楽しむ。

・絵筆の感触や、紙と絵の具が重なることを楽しむ。

・絵の具が重なることで色味が微妙に変わることに気づいたり、楽しんだりする。

<活動>

1日目　赤と黄の絵の具と絵筆で遊ぶ。

2日目　赤と青の絵の具と絵筆で遊ぶ。

3日目　黄と青の絵の具と絵筆で遊ぶ。

それ以降、製作コーナーで自由に遊べるように3色の絵具と絵筆を常設しておく。

<手順>（1〜3日目、それ以降も共通）

・梅鉢に赤と黄の2色を準備する。

・赤色の絵筆、黄色の絵筆として、色ごとの絵筆を決める。

・好きな画用紙を選ぶ。

・絵筆で色を置いていく。

<事例1>

保育者：絵具と絵筆で遊んでみようか？

子ども：黄色が好き！！（絵筆に絵具をとって、画用紙に押し付けて、スタンプのようにして遊ぶ）

保育者：黄色が好きなんだねえ、絵筆を使うとどんな感じ？

子ども1：・・・（沈黙、黙々と絵筆をスタンプのようにして遊ぶ）

保育者1：・・・、そっか、そんな感じかあ

子ども：そう、ちょーん、ちょーん、ちょーんって感じ

保育者1：ちょーん、ちょーん、ちょーんかあ、楽しそうだね。

子ども：（赤の絵筆に持ち替えて）ピタッ、ピタッ、ピタッ、（2秒ほどの間）ピタッ、ピタッ、ピタッ、（2秒ほどの間）ピタッ、ピタッ、ピタッ、

保育者1：ピタッ、ピタッ、ピタッ、（2秒ほどの間）ピタッ、ピタッ、ピタッ、かあ、

子ども：そう、ピタッ、ピタッ、だよ、

＜事例2＞

黄色が好き！ちょーん、ちょん、ピタッ

子ども2：黄色、黄色、黄色（拍子をつけて、リズミカルに）

保育者：なんだか、歌っているみたいだねえ

子ども2：青、青、青、（拍子をつけて、リズミカルに）

子ども2：おー！色が変わった、緑になった。緑、緑、緑、（拍子をつけて、リズミカルに）

＜事例3＞

色が変わる！歌いながら描く

子ども3：まずは黄色、シュー、次は青、ヒュー、次は赤、ジュー、青、ヒュー、黄色、ジュ

保育者：あれ、黄色は音が変わったの？

子ども3：シュー、ジュー、ジャー、ジュジュ

保育者：良い音だねえ

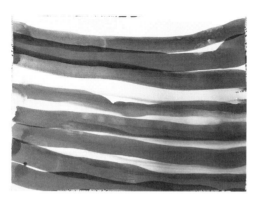

音が変わる、色が変わる

ぼくの木は、こんな木

ドンドン、ビタビタ、大きな木になれ

＜事例4＞

子ども4：青が好き、ビタ、（数秒の
間）ビタ、

ドンドンドン、ビタ

赤も好き、（赤の色を付ける）

・・・先生、なんか、木にお花が咲いた
みたい

保育者：そっか、お花が咲いたみたいか
あ、何か必要なものはある？

子ども4：木が欲しい

保育者：わかった、どんな木？太い木？
細い木？高い木？低い木？

子ども4：大きい高い木がいい

保育者：（近くにあった茶色の画用紙を
切って渡し、貼るのを手伝う）

子ども4：青い葉っぱ、青い葉っぱ、黄

春は桜の樹が光っている！

色い葉っぱ、黄色い葉っぱ、
子ども5：ぼくもしたい！

（明石奈津美）

＜事例から＞

　子どもたちと絵具や絵筆との出会いを大切にしたい取り組みである。絵具遊びは、1歳児から行っているが、4歳児には4歳児の新しい出会いがある。

　経験が増えると絵具は「色を付けるもの」という役割を与えてしまうが、絵具は単に画用紙に色を付けるものではない。

　絵具には、色だけでなく、粘り気の感触があり、匂いもある。水と混ぜることで色の変化だけでなく、絵筆に付く量や

粘り気の強弱が変わる。その変化は絵筆を通して、子どもの手に伝わる。絵筆の毛先の感じも合わさって子どもに伝わる。子どもは絵筆と手を通して、伝えられた感触を味わう。それは、子どもにとっては新鮮でうれしい。言葉で表そうとしてもぴったりくる言葉は見つからない。そして、常に変化しているため、一つの言葉に収まらない。子どもが楽しんでいる感じは、自然にオノマトペとなり口から発せられる。

　子どもに感じられている絵具・絵筆・色からのメッセージが次第に形となっていく。保育者とのやりとりで「木」という作品につながっていった。

（4）活動　その4　光る樹（5歳児）
＜準備物＞
・絵の具（赤・黄・青・水・緑・黄緑・白）
・梅鉢　・タンポ・画用紙　・筆洗バケツ。

　このタイル画のような遊びを経験した子どもたち。進級後もたくさんの製作遊びを経験した。

　3月の卒園式を目前にした頃、園庭の花も葉っぱもない枝だけの桜の樹を見て、

　子ども：もうすぐ一年生、春は桜の樹が光っているよね！

　保育者：光ってるよね、どんな、光かな、光には何が必要かな？

　子ども：たくさんの色、赤や青や水色やいろんな色を使いたい。

（三木健郎）

第3節：私たち幼児教育者がトッパル氏から学んだ幼児教育コンセプト

（1）素材の質を味わう
・色、音、など素材を自分に響かせる。

　自分に響かせることによって、少しずつ、その特徴に気づいていく。気づきはさらなる気づきを生む。自分の好きなものやことの特徴にも気づき始める。そして、自分の好きが何かを生み出していく

という製作の過程を楽しむようになる。

（2）子どもが製作しようとする意識を材料に向けることが大切
・材料同士の響き合いを感じる

　何かを作るための材料をさがすことと、材料から作りたいものが見えてくること。この相互作用には、材料の特性の味わいと自分に響かせた「自分が好きなこと」への気づきが同時に必要になる。

　「自分が好きなこと」は、製作へのエネルギーを生み出す。製作へのエネルギーは、うまくいかなかったり、手間がかかったりしても、工夫する力を与えてくれる。

　今までの私たちの保育では、子どもに作りたいものが見えた時、作りたいものをより明確にする働きばかりに注視して援助してきた、という気づきがあった。

　子どもが「自分が好きなこと」に気づくアプローチは、文化・制度・保育の違いを乗り越えるための視点となった。

（3）子どもが製作しようとする意識を自分の内面に向けることが大切
・子どもが「自分が好きなこと」に気づいていくことは自分の意識を内面に向けることである。

　子どもたちの意識は、多くの時間、外に向いている。友達の声、近くを通る車の音、鳥の鳴き声など、それらの刺激によって、意識が外に向けられているとも

いえる。自分が感じていることよりも外からの刺激とそれに対する反応に意識が向いている。

製作の時も同じような姿を見せる。キラキラしたガラス玉、見たことない形の葉っぱ、艶々の貝殻、材料の特徴に刺激される。刺激された意識は高揚しながら、新たな刺激を求め始める。刺激は次々に子どもに発想を与え、加速させる。しかし、この時、子どもたちはいつの間にか刺激と反応の中で製作を始める。

刺激と反応では、意識は外に向かったままである。それを内側に向かわせるには何が必要か。素材の質を味わい、材料同士の響き合いを感じるには何が必要か。

私たちは、製作に寄り添う中での問いかけが大切であると考えた。

・これを見ているとどんな感じがする？

感じが感じられるのは自分の内側である。素材から感じられた感じに意識が向きやすくなる。

・これでぴったりかな？

感じられた感じを表すには、その素材であっているのかを確かめて欲しいという願いを込めて伝える。

表現された素材の組み合わせから受ける感じは、あなたの今の感じと合っているかと、照合を促してみる。

・この中で、あなたはどれ？

製作中、子どもたちの内側で展開しているストーリーが伝わって来ることがある。そのストーリーを一緒に味わわせてもらうためのきっかけの問いかけ。

・これを見ていると何か思い出すことがあるかな

今までに自分が体験したこと、想像していたこと、素材を味わう中で、何かを象徴していることがあるかもしれない。それは、次の発想の手がかりになるかもしれない。

・これは、あなたに何かを伝えてくれているかな

製作していると作品に入り込んでいく。作品の中に巻き込まれて動けなくなることもある。少し擬人化して、距離をとって作品との会話を促してみる。

・これに、あなたは何が伝えたい？

擬人化し、作品に何かを伝えようとすると、自分の内側で言葉を探し始める。作品と自分の距離感が自分で感じられるかもしれない。

・これは、どうなったらいいんだろう？

作品の未来や子ども自身の未来を探求するきっかけになればという願いから。

一緒に探求させて欲しいという保育者の願いも込めながら。

・何があったら、もっといい感じになるかな？

子どもが伝えてくる「出来た」には、様々な気持ちが込められている。「行き

詰まった」「困った」これも「出来た」になることがある。その停滞のもどかしさから子どもが自分一人で抜け出すことは難しい。援助の言葉を少し伝えたい。

・これにタイトルをつけるなら、どんな言葉がいいかな？

「自分が好きなこと」を見つける旅のような製作の過程を歩んでいる。作品が出来上がり、目的地にたどり着いたとき、その旅の工程を振り返ってみるのも楽しい。タイトルはその作品の全体性を含んでいる言葉となる。

・今、あなたは何を感じているの？

製作という旅の中で、刺激と反応に迷い込むと目的地や進む道を見失うこともある。素材と共にいること、自分と共にいること、そのことを呼び起こさせるには、自分の内側への気づきを促す言葉である。

（4）好奇心を持って相手を尊重すること

私たちは、子どもを最大限に尊重する。その気持ちは常に持っているが、具体的にはどうすれば良いのだろうか。

私たちは、子どもたちの製作中の内側の世界について、私たちが正しく寄り添っているかを確かめたいと思っている。製作中の向いかけは、その願いが多く含まれている。そして、これらの問いかけには、具体的な言葉にはなっていな

いが、一貫した願いが根底にある。それは、「あなたの内側では、こんなふうに製作の旅を過ごしているのですか？私は、あなたがその旅の中で感じていることをわかっているでしょうか？私はあなたと一緒に過ごすために、もう少しあなたの感じている内側の感じを感じたいと思っています」

これが私たちの最大限の尊重のあり方だと考えている。

おわりに

私たちはトッパル氏の著書との出会いの中で、子どもが「探求する活動」の素晴らしさに気づき興味を持った。探究し表現するプロセスを学びながらも、同時に私たちはその実践の形式や方法を直接模倣し取り入れることは生産的でないことにも気がついた。そのため、本園の今までの実践とどのように共鳴させていくのかを模索しながら、子どもたちとの表現活動を再構成していった。

その中で、「もし私がこの実践の中の子どもだったら、私にはどのように感じられるか」という保育実践の根底にある共感的理解に立ち返った。そして、現在の本園の状況の中にいる「私」の内面に湧き起こる実感に触れ、それを手がかりとすることを試みるようになった。それは、著書の中の子どもたちの体験を追体

験することによって、探求する活動の生きたプロセスと本園の子どもたちを取り巻く状況とを相互作用させることとなった。探究する活動がもつ普遍的なプロセスを本園の保育室で機能させることとなり、子どもの前表現的な意識と対話しようとする実践として成立させていった。これは、私たちが園内で取り組んでいる保育者が子どもにどのように関わるか*1という実践が自然な形で表現活動と共鳴したとも感じている。

　著書の中の生き生きとした実践のプロセスが、本園の保育者の実感と子どもたちの体験を通して新しい表現教育を創造したと考えている。

*1「私」の言葉を紡ぐフォーカシングとコラージュ，矢野キエ，2021 参照

（三木健郎）

第8章

私たちの模索と備前市における幼児教育

第1節　表現教育：さまざまな「切り口」を響き合わせる

（1）出発点：遊びとしての製作活動

　私たちの遊び心が製作活動をいつもと違うものに変化させていった。そして「製作活動」の捉え直しが始まった。

・主体的な活動：自分の思い、願い、発想から好きな活動、遊び自体が自分にとって価値あるもの、活動自体がたのしいもの、

・没頭する活動：自分の力で自分が満足するために、感動に向かって、

・決まっていない活動：結果が見えない、変わるかもしれない、終わりが決まっていない、やってみないとわからない。

（2）活動　その1：五感を味わう —好きな色ってどんな色—

＜準備物＞　多色折り紙

＜ねらい＞

・好きな色を具体的な色紙で発見し、吟味する楽しさを味わう、

・好きな色を選んだ時のぴったりする感じ（「これはいい感じ」）を味わう。

　保育者が子どもたちに好きな色を問う。すると、子どもたちは、「赤」「青」などを口々に答える。5歳児くらいになると何度もこのような問いを大人から受

けたことがあるためか即答してくれる。あたかも自分の好きな色がいつも決まっているかのように、「かっこいいから青」と答える子、「ピンクが好き、かわいいから」などと、自信をもって答える子がいる。それも、一つの「好きな色」である。

そこでその細かなニュアンスの違う色の中から、自分の好きな色にぴったりする色を選ぶ。そして色を細かい色の違いを吟味しながら、ぴったりくる感じを意識して味わうようにする。

<手順>

・多色折り紙を並べて置く。

・保育者が子どもに「あなたの好きな色はどれかな？」と問いかける。

・すると子どもが答える。例えば「赤色」と答える。

・保育者は赤群の折り紙を示し、「この中で、あなたが好きな色、「これ」ってぴったり感じたのはどれかな？」と尋ねる。

・その時に、「『いい感じ』ってぴったり感じたのを教えてくれる？」

<事例>

保育者：今、あなたが「好きな色は何ですか？」って聞かれたら、どんな色を選ぶかな？…

幼児：えーっと、赤。

保育者：そっか、赤かあ、じゃあ、このあたりの折り紙を見て、「これ」って、ぴったり感じたのを教えてくれる？他の色が気になったらそれでもいいよ。

幼児：うーん、これかなあ。

保育者：これかなあ、って感じなんだね

幼児：赤好きよ。

保育者：赤好きなんだ、この赤が好きなの、こっちの赤はどうなの？手に取って、ちょっとあなたのからだの真ん中へんで確かめてみて。

やっぱりこの赤がいい

今の感じは、これ！「色がいっぱいある」多色折り紙を使って

幼児：うーん、やっぱり、この赤（初めに自分で選んだ方を指差して）。こっちの方が好きな感じがいっぱいある。

保育者：そっか、好きな感じがいっぱいあるんだ、教えてくれてありがとう。

（3）活動　その2：五感を味わう　〜音を色で描いてみよう〜

　1）自分が受けた刺激をどう感じているかと、気づく遊び

＜準備物＞　音が出るもの　ピアノ　シンバル　小太鼓　大太鼓　カスタネット、木琴のマレット（ものを叩いて音を出すため）。

＜手順＞

・クレパスと紙を準備して座る。

・さまざまな音を聞く

・聞いた感じを言葉にする　聞いた感じを絵にする

＜事例＞

保育者：今からいろいろな音を出すから、あなたが感じたことを教えてくれる？

子ども：いいよ

保育者：じゃあね、この音を聞くと、どんな感じがする？何か思い浮かぶ？

　　　　（大太鼓の音）ドーーン

子ども1：ビリビリする

子ども2：ドーンって感じ

子ども3：何かが落ちてきた気がする

保育者：そっか、色々な感じがあるねえ、じゃあ次は（ピアノで2Oct高い音でCコードを短く3回ほど）

子ども4：なんか、鳥が鳴いているみたい。

子ども5：ちょっと、楽しい感じ。

保育者：そっか、それでは、これは（ピアノで2Oct低い音で不協和音）。

子ども6：お化けが出そう。

子ども7：暗い感じ。

保育者：暗い感じがするんだね、どんな色の暗い感じ。

子ども7：夜みたいな色。

保育者：夜みたいな色かあ、それはクレパスだと、どの色に近いかなあ、描いてみる？

子ども7が描き始め、出来上がりをみんなで待つ。

保育者：そっか、こんな色？

音から思い浮かぶ感じ。色とか形とか…

保育者：ありがとう、よく伝わってきたよ

保育者：じゃあ、次の音、（シンバルの音）

子ども８：わー、カミナリのビリビリみたい

子ども９：ぼくも、カミナリがギザギザってなった

＜事例について＞

・子どもたちは、常にたくさんのことを感じている。耳で聞こえた、身体で感じられた感じ。そこには何か豊かな意味が含まれている。

（４）活動　その３　タイル画
＜準備物＞

・絵の具（赤・黄・青）・梅鉢　・絵筆（１４号）・画用紙・筆洗バケツ

＜ねらい＞

・絵の具を使って、自分の思うままに表現することを楽しむ。

・絵の具の感触や、色を重ねることを楽しむ。

・絵の具の色や水の加減で、色味が微妙に変わることに気づいたり、楽しんだりする。

思うままに、感じたままに　色が変わると感じも変わる

＜活動＞

１日目　赤と黄色の絵の具でタイル画を楽しむ。

２日目　赤と青の絵の具でタイル画を楽しむ。

３日目　黄色と青の絵の具でタイル画を楽しむ。

　園児は、絵筆を動かして色を画用紙にのせたり、色が重なって変化したりすることを楽しんでいた。また、色を重ねていく過程で、絵の具や水の量、色の重ね方で、同じ色を重ねても色味が微妙に違ってくることに気づく。保育教諭は園児が表現する姿を見守り、園児が思ったまま、感じたままに筆を動かすことができるように、その作品を評価しない（肯定も否定もしない）ように意識した。絵

の具と画用紙だけで簡単に取り組め、自分の思うままに表現できる活動となり、園児は安心して取り組むことができた。

（5）活動　その4　落ち葉遊び

<準備物>　落ち葉　透過性のあるウレタンパネル　ライトボックス

　いつもの山際の散歩道で落ち葉を拾った。拾いながら見立てが始まった。「これ、キツネに見えるよ」「象の鼻みたい」。早速、構成して見立てた動物や人形を作った。ひとしきり遊び終えた後、透過性のあるウレタンパネルを渡す。「気にいった葉っぱ、気になった葉っぱを選んで並べてみようか、何を作るとか考えなくていいよ、葉っぱが呼んでいたり、葉っぱが行きたがっていることを感じて、パネルの上に置いてあげてね」

子ども：わー、色が変わった、きれいになった。

子ども1：赤と黄色がきれい、葉っぱの骨がみえる

子ども：できた！光らせてみたい

子ども2：キリンになった

保育者：そうなんだ、キリンなんだね、キリンを見ているとどんな感じがする？

「こうなったんだ　葉っぱが動物になりたがっている」

子ども2：・・・うーん・・・なにかな
保育者：何かな、どんな感じかな
子ども：（無言で葉っぱを並べ始める）

子ども2：こうなった
保育者：こうなったんだあ、

子ども2：うん、浮いてる感じ
子ども3：この上に置いたら、何か見えるんじゃないの？（パネルの上にもう一枚パネルを載せる）

子ども3・4・5：もう一枚、重ねてみよう、いいねえ

子ども3・4：なんか、いいねえ

＜事例について＞

（6）活動　その5　素材を使用したコラージュ

素材と出会う場所　子どもと保護者が集めた素材を整理して並べて

＜準備物＞
保護者に呼びかけ家庭にある素材を集める。

素材と出会うドキドキ「これを、ぜーんぶ使っていいんだあ、うれしいな」

<環境>
・保育室に表現遊びを楽しむことができるスペースをつくる。ロッカーや棚で区切り、遊びや生活の場と分ける。
・周りに刺激を受けず、落ち着いた空間で、感じたままを表現できるように、このスペースに入ることができるのは、一度に2人までと約束する。
・ワゴンには、保護者に呼びかけ集めた様々な素材を、不揃いなカゴに入れて、園児が見やすく手に取りやすいように準備しておく。
<導入で園児に伝えたこと>
☆コラージュ遊びをする前に、自分の体（内側）に注意を向けることができるように声をかける。
・台紙を選ぶ時には、台紙を眺めてみて、目に留まる色や気になる色を選ぶ。（複数枚重ねて楽しんでもよい）
・上手、下手といったことはなく、自分

が気になったもの、目に留まったものを手に取ってみて、置いてみる。
・手に取ったり、置いたりしてみて、"なにか違う感じがする"、"ここじゃない"と思ったら、変えてもよい。
　（表現していく過程で、違和感があれば途中で変えるのもよい）
・「動物をつくりたい」「顔をつくろう」といったテーマは決めない。感じたままにやってみる。
・手に取った素材が、どこに行きたがっているか… 手に取った素材を見て、自分の体の中でどんな感じが起こっているか… そのようなことを味わいながら、遊んでみる。

選んで、さわって、感じて

<事例>
保育者：それを（貝殻）触ってると、どんな感じ？

何かはわからないけど、何か置いてみたい

子ども2：ふう、なんか、いい感じになったよ

ここは海の感じがするよ

お城に行きたい　私がいる

子ども1：ざらざらとツルツルが一緒にあるよ

保育者：一緒にあるんだね、一緒にあると、どう？

子ども1：海の感じがする

保育者：そうか、海って感じなんだね

保育者：これは、あなたに何を伝えてくれているの？

子ども1：遊びに来てね、って言ってる。また行きたいなあって思ったよ。

保育者：また行きたいんだねえ

＜事例＞

子ども2：（黙々と一言も発せず、ここまで作って手が止まる）

保育者：これで、今の感じとぴったりかな、何か足りないものはないかな？

子ども2：……（3分くらい沈黙）

保育者：何があったら、いい感じになるだろねえ

子ども2：視線を素材のワゴンに向け

て、じっと見つめてから作業を始める

保育者：これにタイトルをつけるなら何がいいかな？

子ども２：お城に行きたい

保育者：そっかお城に行きたいかあ、この中であなたはどこにいるの？

子ども２：（クリスタルの動物を指差して）これ、これからお城に入っていくの

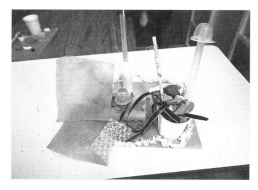

誕生ケーキだったんだ

<事例>

子ども３：旗が立たん、旗が立たんのよ

保育者：立たないのか、旗がどうしても必要なの？

旗が立たんのよ！

子ども３：やっぱり、いらない

子ども３：やっぱり、旗はいらんけど、他のは要る

保育者：他のは要るんだね、何がいるのかな

子ども３：うーん、わからん、決まってない

保育者：そっか、決まってないのか

歩いていくよ

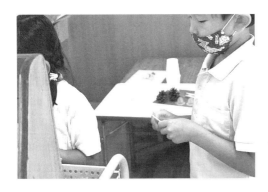

子ども3：できたよ
保育者：できた、教えてくれる

子ども3：うーんと、よくわからん
保育者：よくわからんかあ、じゃあ、どうなったらいいんだろう？
子ども3：ああ、誕生ケーキになったらいい、（写真にある、左の青と赤の不織布をかけて）
子ども3：そうか、誕生ケーキだったんじゃ、できた

＜事例＞
子ども4：歩いていくよ、歩いていくよ

保育者：あなたは、どこにいるの
子ども4：えっとねえ、ぼくはねえ、ここ
保育者：あなたは、どこに歩いていくの
子ども4：歩かない、うーん、それでねえ
保育者：（子ども4の探求が始まる）（じっと見守る）
子ども4：（素材同士を打ち合っている）
子ども4：（素材による音の違いを探っている様子）
子ども4：（なにか、ぴったりこない様子）
保育者：あなたに何が必要なの？
子ども4：えーっとね、音をここに入れたいけど、入れれないんだよ。
保育者：そっか、音を入れたかったのか、どうしたらいいだろうね。

子ども4：入れれないけどね、音があっ
たらいいんだよ。（3分くらいの沈黙）
保育者：音が入れれないねえ。
子ども4：そう、終わらないよ
保育者：終わるには、何があったらいい。
子ども4：うーん、スプーンで蓋をすれ
ばいい　蓋したらすっきりする。（蓋を
する）
保育者：どうだった。
子ども4：いい感じ、すっきりした。片
付ける。

（河内一貴）

キャシー・ワイズマン・トッパル 略歴

「現在」 米国東部女子大、スミス・カレッジ、教育・児童学研究員（教育者・教育学者）。アメリカにおける幼児教育者団体「フレーベルUSA」にも参加し、視覚芸術教育、幼児教育へのレッジョエミーリア・アプローチ、芸術とリサイクル等の啓蒙的課題に取り組んでいる。

［主著］
・『子どもと粘土と彫刻』(1983),
・『魅力的な事物：子どもたちに発見された様々な材料たち』（L・ガンディーニとの共著）（1999）,
・『線を使って考える』（2005）他.

［略歴］ 彼女は米国東部、名門コーネル大学卒業後、ハーバード大学大学院、そして後にはカーペンター視覚芸術センターの大学院で視覚芸術教育を研究した。1974年から2014年にかけて、スミス・カレッジの教育・児童研究学科で視覚芸術教育講師を務めた。そしてそれと並行して、1970-74年にかけてマサチューセッツ州ニュートンのウィークス中学校、1974-2012年にかけてはスミス・カレッジ、キャンパススクール、そして1974-2010年にかけてはスミス・カレッジの幼児教育センターで美術教育を担当した。

更に同氏は、カリキュラム資料作成にも関わってきた教育（学）者で、『アートにおける探求：幼稚園』、『「ビッグブック」 教師用ガイド』（2008）などがある。マサチューセッツ文化評議会とマサチューセッツ放課後協会から委託された『学校外における創造的な精神』（2011）も、生徒を放課後に開かれる質の高い視覚芸術体験に参加させることを目的とした放課後の表現教育カリキュラム書籍。

鈴木幹雄略歴

［現在］　神戸大学・関西福祉大学名誉教授（専門：ドイツ語圏芸術・芸術教育学、20世紀改革学校とその教育学的遺産）
［主著］
・『子どもの心に語りかける表現教育─多様なアプローチと発想を探る』あいり出版 ,2012.
・『表現教育にはそんなこともできるのか─教師たちのフレキシブルなアプローチに学ぶ』あいり出版 ,2015.
・『ドイツにおける芸術教育学成立過程の研究──芸術教育運動からG・オットーの芸術教育学へ──』風間書房,2001（広島大学 , 博士論文 , 1999, 公刊物）.
・『20世紀ドイツにおける造形表現研究と発想法教育学』風間書房 ,2020.

三木健郎（みき　けんろう）略歴

［現在］　備前市立片上認定こども園長（香登認定こども園認定こども園長， 千葉大学教育学部卒業・関西福祉大学教育学研究科修士課程修了（専門：教育学，教育心理学，公認心理師）
［主な教育活動］　約20年間、幼稚園、こども園で担任保育者として実践し、子どもたちが何かを感じ、表現する営みに寄り添い現在に至る。子どもたちが活動の中で、表現する楽しさと共に、表現したことでの気づきや自身の感覚の変化を味わえるように模索を続けている。
［主著］
・『子ども理解のメソドロジー　実践者のための「質的実践研究」アイディアブック』（共著）ナカニシヤ出版 ,2012.

分担執筆者

明石奈津美：備前市立片上認定こども園・保育教諭

河内一貴：備前市立片上認定こども園・保育教諭

執筆分担

キャシー・ワイズマン・トッパル：序文、第1－5章
鈴木幹雄：序章、第6章、第1-5章翻訳、カバー、外・内表紙デザイン
三木健郎：第7章第1、3節
明石奈津美：第7章第2節
河内一貴：第8章

材料を探求する幼児の表現活動

2023 年 4 月 10 日　初版　第 1 刷　発行　　　　　　　　　　定価はカバーに表示しています。

原著者　　　キャシー・ワイズマン・トッパル
編著者　　　鈴木幹雄
　　　　　　三木健郎
発行所　　　（株）あいり出版
　　　　　　〒 600-9436　京都市下京区室町通松原下る
　　　　　　　　　　　　　元両替町 259-1　ベラジオ五条烏丸 305
　　　　　　Tel / Fax　075-344-4505　http//airpub.jp//
発行者　　　石黒憲一
印刷／製本　モリモト印刷（株）